지식 경제 시대의 **창업경영학**

2030 청춘 창업 교과서

지식 경제 시대의

2030 청춘 창업 교과서

창업경영학

강문영, 정혜진 지음

Σ 시그마프레스

지식 경제 시대의 창업 경영학: 2030 청춘 창업 교과서

발행일 2015년 4월 3일 1쇄 발행

지은이 강문영, 정혜진
발행인 강학경
발행처 (주)시그마프레스
디자인 이상화
편집 안은찬

등록번호 제10-2642호
주소 서울특별시 영등포구 양평로 22길 21 선유도코오롱디지털타워
     A401~403호
전자우편 sigma@spress.co.kr
홈페이지 http://www.sigmapress.co.kr
전화 (02)323-4845, (02)2062-5184~8
팩스 (02)323-4197

ISBN 978-89-6866-241-6

이 도서의 국립중앙도서관 출판예정도서목록(CIP)은 서지정보유통지원
시스템 홈페이지(http://seoji.nl.go.kr)와 국가자료공동목록시스템(http://
www.nl.go.kr/kolisnet)에서 이용하실 수 있습니다.(CIP제어번호 : CIP
2015008754)

저자 서문

저자들이 학부생이던 1990년대 후반부터 2000년대 초반을 회상해 보면, 우리나라가 IMF 구제 금융을 신청하는 사태가 일어났고 청년 실업 문제가 대두한 초기 단계가 아니었나 싶다.

경제 환경이 더욱 각박해졌기 때문인지 요즘 학생들은 졸업하는 순간까지 학점 관리와 스펙 쌓기에 전력을 다해야 하고 젊은이들에게 미래를 생각할 여유가 없어진 듯하다. 저자들이 대학에서 학생들과 함께 생활해 오면서 느낀 점은 이들에게 감성적인 위로는 잠시일 뿐이지 큰 도움이 되지 않는다는 사실이다.

'솔직히 공부 잘해 봐야 대기업 직원밖에 더 되나요?' 혹은 '사업하면 패가망신의 지름길 아닌가요?'라며 미래에 대해 희망이 없는 학생들에게 도움이 될 수 있는 방법은 없을지 저자들은 고민을 하게 되었다.

오늘날 시중에 창업을 위한 단행본과 교과서는 상당수 존재하여 십여 년 전에 비해 학생들이 창업과 관련한 제도나 절차, 창업 준비 과정에 대한 안내와 정보를 쉽게 얻을 수 있게 되었다. 그러나 대다수의 책들이 창업 과정의 특수성을 중점으로 집필되어 상대적으로 경영의 본질에 대한 통찰이 부족하다는 아쉬움이 있었다. 저자들은 학생들에게 물고기를 주기보다는 물고기 잡는 법을 알려주어야 한다는 철학을 담아 강의와 연구로 바쁜 일상에서 시간을 내어 이 책을 쓰게 되었다.

이 책은 외국계 컨설팅 회사 및 투자 은행에서 근무하고 마케팅을 전공한 강문영 교수와 재무를 전공한 정혜진 교수가 미국 및 KAIST 에서 강의하고 연구한 경험을 토대로 특히 경영 전략, 마케팅, 회계 및 재무를 중심으로 창업과 벤처 기업 경영에 꼭 필요한 주제들을 고민하여 총 8개의 장으로 구성하였다.

제1장은 경영 환경의 변화와 창업 열풍이라는 주제로 최근 정보 기술이 기업과 소비자의 의사소통 방식에 영향을 주어 기존 기업의 경영 환경 및 창업 환경에 가져온 변화를 소개하였다.

제2장은 벤처 기업 경영 전략에 대해서 설명한 장으로 기업의 미션 (mission), 비전(vision) 및 목표(objective), 기업 내/외부의 전략적 환경을 분석하는 방법론(framework) 및 다양한 기업의 전략을 이론 및 최신 사례들과 함께 설명하였다.

제3장은 벤처 기업 마케팅을 주제로 마케팅 프로세스 중 전략적 요소인 시장 세분화(market segmentation), 타겟 고객 선정(targeting) 및 포지셔닝(positioning) 그리고 전술적 요소인 제품(product), 가격 (price), 유통(place), 판매 촉진(promotion)을 활용하는 4P 전략, 제품 수명 주기, 각각 다른 제품 수명 주기에 있는 상품들이나 여러 사업 영역의 포트폴리오 관리를 위한 BCG 매트릭스에 대해서 설명하고 이들에 대한 실제 사례들을 통해 보다 현장감 있게 설명하였다.

제4장은 벤처 기업을 위한 재무제표 분석을 다룬 장으로 기업 경영

에 대한 주요 정보를 제공해 주는 재무제표의 구성 요소인 재무상태표, 손익계산서, 현금흐름표에 대하여 설명하고 재무제표의 작성 원칙과 재무제표상에 나타나는 항목 간의 관계 분석, 서로 다른 기업의 경영 상태 비교 분석에 활용되는 재무 비율 분석을 소개하였다.

제5장은 벤처 기업의 재무 계획을 설명한 장으로 사업 계획서의 필수 구성 요소인 재무 계획을 세우기 위한 추정 재무제표의 작성법과 손익분기점 분석 방법을 살펴 본 후 벤처 기업과 같이 불확실성이 있는 상황에서의 의사 결정을 위한 분석 도구 중 하나인 실물 옵션과 함께 성숙 기업에서 활용되는 전통적인 투자 의사 결정법들을 간략히 설명하였다.

제6장은 벤처 기업의 재무 관리를 주제로 성숙 기업과 구별되는 벤처 기업의 특성인 생존과 성장의 불확실성, 그리고 자금 압박을 관리하기 위한 불확실성의 관리 기법과 현금 흐름의 관리를 설명하고 벤처 기업의 특성을 고려한 벤처 기업의 가치 평가 기법들을 소개하였다.

제7장은 벤처캐피탈과 벤처 기업의 자금 조달에 대하여 설명한 장으로 벤처캐피탈의 역사가 가장 길고 성공적이라고 평가받는 미국 시장을 중심으로 벤처캐피탈 산업의 특성과 벤처캐피탈이 경제 발전에 미친 영향을 살펴 보고 벤처 기업이 벤처캐피탈을 통하여 자금 조달을 할 때 받게 되는 투자 제안인 텀시트의 주요 구성 요소에 대하여 설명하였다.

제8장은 벤처 기업 창업 전략을 위해서 앞 장들에서 설명한 기업 경영과 관련된 개념들을 활용하여 창업의 각 프로세스에 대한 평가

및 사업 계획서 작성에 대해 설명하였다. 또한 실제 사회적 벤처 기업 창업자와의 인터뷰를 소개함으로써 독자들이 간접적이나마 창업에 대해서 디테일을 경험할 수 있도록 구성하였다.

이 책이 예비 창업자인 학생들 및 창업을 계획하는 직장인들에게 미래 경력 설계 및 실전 업무에서 힘이 되어 향후 독자들의 성공 사례가 가까운 미래에 이 책의 개정판에 실릴 수 있기를 간절히 희망해 본다.

이 책이 세상의 빛을 보기까지 많은 분들의 도움을 받았다. 저자들에게 벤처와 창업에 대해 고민할 수 있는 계기를 만들어 준 KAIST 서울캠퍼스 학생들, 중소기업청 및 한국벤처투자 관계자분들, 그리고 이 책을 출판해주신 (주)시그마프레스에 먼저 감사를 드린다. 또한 저자들이 이 자리에 있을 수 있도록 지원해 주신 가족들과 인생의 많은 스승님들께 깊은 감사의 말씀을 드린다.

KAIST 홍릉 연구실에서
저자 강문영 정혜진 씀

추천의 글

벤처 기업이 차지하는 일자리는 한 국가의 혁신을 대변하는 지표이자 국가 경제의 활력을 가늠하는 지표로 쓰인다. 최근 세계적으로 유명한 비즈니스 스쿨에서도 전통적으로 해 오던 경영 관리자 양성 교육과 함께 창업자 및 벤처 사업가에 대한 교육이 중요한 부분으로 자리 잡고 있는 추세이다. 하지만 국내 및 해외에서 벤처, 창업, 기업가 정신 등과 같은 과목의 강의를 위한 교재는 전통적인 경영학 영역을 위한 교재에 비해 턱없이 부족한 게 현실이다.

벤처, 창업, 기업가 정신과 관련된 과목을 위해 채택될 수 있는 훌륭한 교과서이자, 회사 창업 및 벤처 기업 경영에 관심이 있는 2030 청춘들에게는 창업의 멘토가 될 수 있는 책으로써 지식 경제 시대의 창업 경영학: 2030 청춘 창업 교과서를 추천하고 싶다. 이 책은 재무 전공 경영학자와 경영 컨설팅 및 투자 은행에서 격무로 젊음을 반납했던 마케팅 전공 경영학자가 다양하고도 깊이 있는 경영학의 컨셉들을 아주 이해하기 쉽게 소개하고 이들이 실제 적용되는 생생한 사례를 통해 창업 및 벤처 기업 경영을 위한 탄탄한 기본기를 갖출 수 있게 해 주는 유용한 벤처 교과서이다.

본인이 현재 한국 대표로 일하고 있는 세계적인 컨설팅 회사 올리

버와이만(Oliver Wyman)은 1984년 미국 뉴욕에서 세 명의 젊은 컨설턴트가 의기투합하여 설립한 이래, 현재 전 세계 50여 개 주요 도시에서 3천여 명의 전문가들이 경영 컨설팅을 선도하고 있는 글로벌 경영 컨설팅의 리더로 성장하였다. 이 책을 읽고 공부한 대한민국 2030 청춘들도 멀지 않은 미래에 창업한 회사를 실력 있고 혁신적 실행력을 겸비한 글로벌 리딩 컴퍼니로 키워 존경 받는 창업자로 선정될 수 있기를 기대해 본다.

올리버와이만(Oliver Wyman) 한국 대표 구본재

차 례

경영 환경의 변화와
창업 열풍

01

정보 기술의 발전과 경영 환경의 변화

급변하는 글로벌 경제 환경에서 혁신 능력은 기업의 발전뿐 아니라 생존을 위한 필수 조건이 되었다. 또한 소셜 미디어(SNS: Social Network Service), 모바일, 클라우드 등의 최신 디지털 기술은 기업과 소비자 개인의 상호 의사소통 방식에 끊임없는 변화를 주고 있다. 따라서 기업들은 빅데이터 등으로 대표되는 정보 통신(ICT) 메가 트렌드와 고객 인텔리전스(CI: Customer Intelligence) 및 고객 경험(CX: Customer eXperience)을 결합하여 고객 중심 전략에 더욱 박차를 가하고 있다. 과거에는 해외 선진 기업에서 고객 관리를 위한 서비스 차원으로 고객 관계 관리를 수행하였다면, 이제는 고객 관리가 단순 고객 서비스 차원을 떠나 기업 조직과 문화의 중심에 위치한 주요 전략으로 자리 잡아 가고 있다.

이러한 디지털 경영 시대의 특성은 다음과 같이 설명할 수 있다.

첫째, 대부분의 정보가 '읽기 전용(read-only)'이었던 web 1.0에서 '읽고 쓰기(read and write)'가 가능하게 된 web 2.0으로의 ICT 발전은 인터넷 환경을 바꾸었고 정보 공유 및 의사소통 방식에 있어서 변화를 가져왔다. 기존의 일대일(one to one) 의사소통에서 일대다(one to many) 혹은 다대다(many to many) 의사소통과 쌍방향 의사소통을 가능케 한다. 따라서 개인들은 네트워크상에서 커뮤니티를 구성하고 온라인상에서 대화를 하게 됨으로써 회사가 일방적으로 보내는 정보에 대한 신뢰가 희석되고, 오히려 한 번도 만난 적이 없는 온라인 친구들

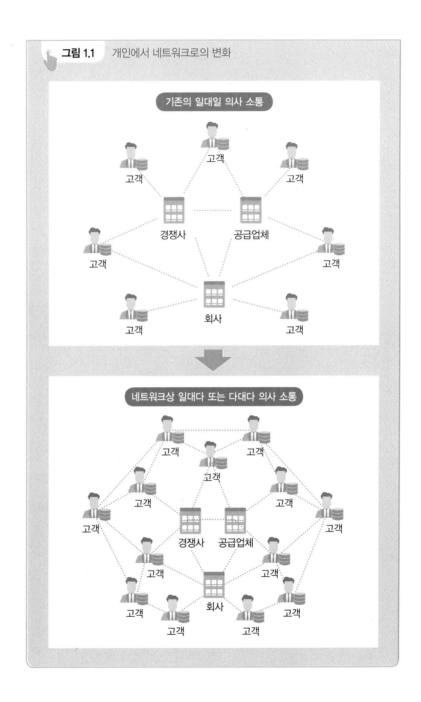

그림 1.1 개인에서 네트워크로의 변화

기존의 일대일 의사 소통

고객 고객 고객
경쟁사 공급업체
고객 고객
회사
고객 고객

네트워크상 일대다 또는 다대다 의사 소통

고객 고객
고객
고객 고객
고객 고객
경쟁사 공급업체
고객 고객
회사
고객 고객
고객 고객

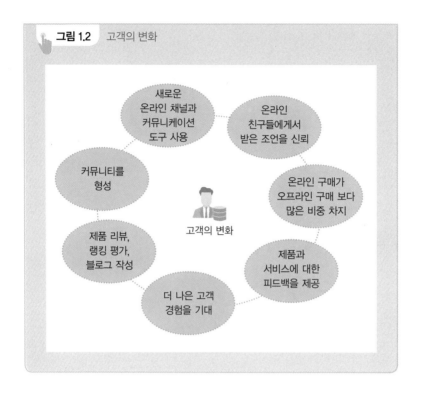

그림 1.2 고객의 변화

- 새로운 온라인 채널과 커뮤니케이션 도구 사용
- 온라인 친구들에게서 받은 조언을 신뢰
- 커뮤니티를 형성
- 온라인 구매가 오프라인 구매 보다 많은 비중 차지
- 제품 리뷰, 랭킹 평가, 블로그 작성
- 고객의 변화
- 제품과 서비스에 대한 피드백을 제공
- 더 나은 고객 경험을 기대

에게서 받은 정보와 조언을 신뢰하게 되었다.

둘째, 온라인 구매가 오프라인 구매보다 많은 비중을 차지하게 되고, 제품 리뷰, 랭킹 평가, 블로그 작성 등을 통해 제품과 서비스에 대한 피드백을 제공하며 더 나은 고객 경험을 기대하고, 소비자들이 네트워크로 연결이 되면서 회사에 더 많은 것을 요구하며 기업의 제품 개발 과정에도 참가하는 공동 창조(co-creation)의 시대가 도래하였다.

셋째, 웹(web)은 전 세계로 뻗어 나가는 네크워크이기 때문에 모든 사람이 접근할 수 있는 접근성, 모든 장소에서 가능한 확장성, 그리고

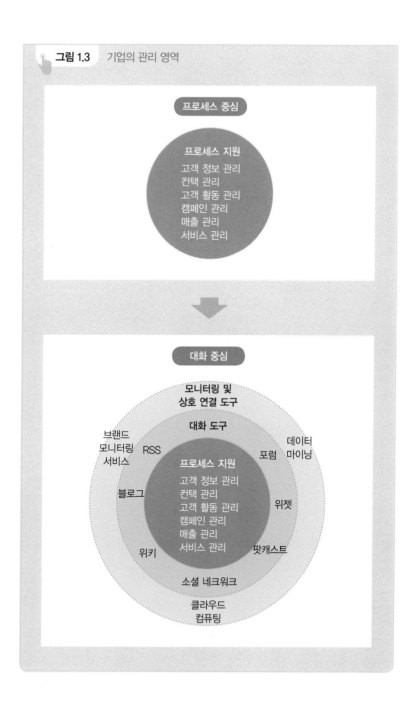

그림 1.3 기업의 관리 영역

24시간 언제든지 접속할 수 있는 실시간성이라는 특성을 갖고 있다. 이 때문에 기업의 활동들이 보다 공개적으로 소비자들에게 전달될 수 있다. 예를 들어 기업에서 안전 사고라든지 제품 결함이 생기면 기업의 마케팅 및 홍보 부서에서 보고를 받기도 전 웹상에 동영상이 먼저 올라오는 것을 흔히 발견할 수 있다.

따라서 기업의 대고객 전략도 변화가 필요하다. 기존에는 고객 지원 담당자만이 고객 관련 업무를 수행하였다면 이제는 전 직원이 대고객 업무를 행하게 된다. 그리고 기존에는 기업의 데이터베이스를 통해서 고객의 구매 행동이 얼마나 최근에, 얼마나 자주, 얼마나 많이 (RFM: Recency, Frequency, and Monetary value) 일어났는지에 초점을 두어 고객 계정 관리, 컨택 관리, 판매/촉진/캠페인 등의 마케팅 관리, 매출 관리, 서비스 관리와 같은 프로세스에 집중되었었다면 이제는 기업 내·외부 커뮤니티의 창출 및 관리도 새로운 업무 영역으로 확대되고 있다.

기존에는 고객과 접촉하는 의사소통 채널이 4대 매체(TV, 라디오, 신문, 잡지)와 자사의 홈페이지 등으로 명확히 정의되어 있었지만 ICT의 발전은 고객과의 다양한 접촉 채널을 가능하게 하였고 이는 역동적으로 변화하고 있다. 또한 기존에는 기업의 비즈니스 모델이 고객과 주기적인 연락을 통한 단순 거래 모형이었던 것에 비해 이제는 고객들의 지속적인 참여에 기반을 둔 복잡한 관계 모형으로 진화하고 있다.

그림 1.4 고객 중심 전략

	과거	경영 환경 변화
역할	고객 지원 담당자	전 직원
기능	프로세스 중심	대화 중심
접근	컨택 관리	커뮤니티 관리
채널	고정	진화(dynamic)
가치	고객과 주기적 연락	지속적인 고객 참여
모형	단순 거래 모형	복잡한 관계 모형

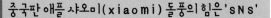

사례 1.1　중국판 애플 샤오미(xiaomi) 돌풍의 힘은 'SNS'

샤오미는 1969년생 레이 쥔(Lei Jun)에 의해 2010년 설립된 비교적 신생 스마트폰 생산업체이지만 2014년 4분기 중국 시장 내 스마트폰 시장 점유율 1위를 달성하였고 인도 시장에도 성공적으로 진출하여 이제는 삼성전자와 애플을 위협할 신흥 강자로 부상하고 있다.

샤오미의 이 같은 성공 요인은 SNS를 활용한 차별화된 마케팅 전략에 있다.

중국 기업이 SNS를 이용하여 기업 내부 사정을 외부에 알리는 것은 매우 이례적인 일인데 샤오미는 다른 중국 기업들과 달리 인터넷이나 SNS를 잘 활용한다.

샤오미는 소비자들과 직접 소통하기 위한 대규모 전담 조직이 사내에 존재한다. 이 전담 조직은 공식 홈페이지 및 SNS를 통해 외부 개발자나 샤오미 제품을 이용하는 소비자들로부터 조언 및 제안을 받아 이러한 의견이 제품 및 기술 개발에 채택될 수 있도록 하고 소비자와의 공동 창작(co-creation) 전 과정을 SNS에 공개한다. 또한 소비자들이 샤오미에 대한 애착을 형성할 수 있도록 SNS를 통해 신제품 정보나 경영 정보 등을 지속적으로 공유하는 마케팅 전략을 활용하고 있다.

샤오미의 로고와 5인치 대화면폰 Mi 4

Mi 4

　　샤오미는 기업 외부와의 의사소통뿐만 아니라 제품 판매에 있어서도 기존 업체들과 차별화된 방법을 사용한다. 먼저 SNS를 활용해 제품 출시를 알리며 이후 온라인 쇼핑몰 샤오미닷컴(xiaomi.com)을 통해 판매한다. 이로 인해 제품 홍보 효과뿐만 아니라 SNS를 통한 사전 주문으로 수요 예측이 가능해지며 중간 유통 단계를 거치지 않고 직접 주문을 받아 택배로 배달하기 때문에 기존 유통 방식보다 비용 절감도 가능해진다.

　　샤오미는 제품 및 가격 경쟁력도 강화하고 있다. 샤오미의 5인치 대화면폰 'Mi4'는 갤럭시S5에 탑재된 것과 비슷한 고급 사양임에도 2014년 7월 출시 당시 갤럭시S5가 80만 원 후반대의 가격인데 반해 Mi4의 제품 가격을 16기가 모델 1,999위안(약 33만 원), 64기가 모델은 2,499위안(약 41만 원)으로 책정하였다.

샤오미는 이제 중국, 인도 시장뿐 아니라 유럽과 북미 시장에도 진출해 삼성전자, 애플과 경쟁한다는 계획을 발표하고 구글(Google) 출신 임원을 영입하는 등 활발한 움직임을 보이고 있다. 스티브 잡스와 애플을 공동 창업한 스티브 워즈니악은 "샤오미 같은 위대한 기업이 세상을 바꿀 힘을 가지고 있다."는 찬사를 했는데 향후 샤오미의 선전이 어디까지 가능할지 상상을 해보는 것도 흥미로운 일이다.

기업가 정신

앞서 살펴본 정보 기술의 발전으로 인해 변화된 경영 환경에서 끊임 없는 혁신을 추구하기 위해서는 기업가 정신(entrepreneurship)의 필 요성이 강조된다. 하지만 이러한 기업가 정신을 구체적으로 정의하 는 일은 쉽지 않다. 많은 국내외 기관과 학자들이 기업가 정신을 정의 하기 위해 기업가 정신 관련 지표를 개발하고 이를 토대로 한 점수 및 순위 등을 발표하고 있다.

런던 비즈니스 스쿨(London Business School)과 미국의 뱁슨 칼 리지(Babson College)가 협력하여 만든 Global Entrepreneurship Monitor(GEM)는 전 세계적으로 기업가 정신을 평가하는 가장 큰 규 모의 프로젝트 중 하나이다. GEM에서는 한 국가의 기업가 정신을 측 정하기 위해 기업가적 활동(activity), 기업가적 열망(aspirations), 그리 고 기업가적 태도(attitudes)라는 세 가지 차원으로 구분을 한 총 20개 의 항목을 측정하고 있는데, 이는 국가 수준의 지표이다 보니 기업하 기 위한 환경 전반에 대한 평가와 기업가 정신을 포함하는 지수이다.

기업가 정신에 대해 최초로 체계적인 접근을 시도한 경제학자 Schumpeter(2000)는 '기술 혁신을 통해 창조적 파괴[1]에 앞장서는 기 업가의 노력 및 의욕'을 기업가 정신이라고 정의했다. 여기서 의미하

---

1 '창조적 파괴(creative destruction)'란 기술의 발달에 경제가 얼마나 잘 적응해 나가는지를 설명하기 위해 제시했던 개념이다. '기술 혁신'으로서 낡은 것을 파 괴, 도태시키고 새로운 것을 창조하며 변혁을 일으키는 과정이 바로 창조적 파 괴라고 할 수 있다.

표 1.1	Global Entrepreneurship Monitor(GEM)의 기업가 정신 평가 항목

구분	평가 항목
기업가적 활동 (entrepreneurial activity)	• 자리 잡은 기업 소유자의 비율(established business ownership rate) • 개선에 의해 주도된 기업가적 활동 기회(improvement-driven opportunity entrepreneurial activity: relative prevalence) • 비공식적인 투자가의 비율(informal investors rate) • 태동기의 기업가 비율(nascent entrepreneurship rate) • 필요에 의해 주도된 기업가적 활동 기회(necessity-driven entrepreneurial activity: relative prevalence) • 신규 사업 소유 비율(new business ownership rate) • 태동기와 신규 사업 소유 기업가의 비율(total early-stage entrepreneurial activity) • 남성 중 태동기와 신규 사업 소유 기업가의 비율(total early-stage entrepreneurial activity for male working age population) • 여성 중 태동기와 신규 사업 소유 기업가의 비율(total early-stage entrepreneurial activity for female working age population)
기업가적 열망 (entrepreneurial aspirations)	• 성장에 대한 계획(growth expectation early-stage entrepreneurial activity) • 신제품 개발(new product early-stage entrepreneurial activity) • 국제화 추진(international orientation early-stage entrepreneurial activity)
기업가적 태도 (entrepreneurial attitudes)	• 기업 창업 의지(entrepreneurial intention) • 창업이 바람직한 직업 선택인지의 여부(entrepreneurship as desirable career choice) • 실패 확률에 대한 두려움(fear of failure rate) • 성공한 기업가에 대한 사회적 지위(high status successful entrepreneurship) • 주변의 창업 정도(know startup entrepreneur rate) • 창업에 대한 미디어의 주목(media attention for entrepreneurship) • 지각된 능력과 지식(perceived capabilities) • 지각된 창업 기회(perceived opportunities)

는 기술 혁신은 신제품 개발, 새로운 생산 방법 및 신기술 개발, 신시장 개척, 신규 원료 및 부품 공급, 새로운 조직 형성 등을 포함한다. 세계적인 경영학자인 Drucker(1985)는 기업가 정신을 '위험을 감수하고 포착한 새로운 기회를 사업화하려는 모험과 도전 정신'이라고 정의했다. MIT 경영대학원인 Sloan School의 학장이었던 Thurow(1980)는 부를 창출하는 요소 중 기업가 정신을 으뜸으로 꼽았으며, 도전을 즐기고 변화에 신속히 대응하는 기업가 정신 없이는 기술 혁신 그 자체가 결코 부를 창출할 수 없다고 설명했다.

다양한 학자들의 기업가 정신에 대한 정의를 종합해 보면 기업가 정신에서 꼭 빠뜨릴 수 없는 요소로 도전 정신, 노력, 혁신, 위험(risk) 감수, 유연성 등을 꼽을 수 있다. 또한 다음 소개하는 학술 논문에서 밝힌 것처럼 창업자의 성격도 벤처 기업의 성공에 중요한 요소가 될 수 있다.

창업자 성격과 벤처 기업의 경영 성과[2]

창업자의 성격에 대한 연구는 최근 관심이 증가하는 분야 중 하나다. 이 연구는 최고 경영진의 갈등을 두 가지 타입(각종 의사 결정에서 아이디어나 의견 차이로부터 오는 과업 갈등 및 대인 관계에서 발생하는 긴장으로 인한 관계 갈등)으로 구분하고, 다섯 가지의 성격 특성(개방성, 신경질적인 성향, 외향성, 친화성, 성실성)을 활용해 창업자의 성향이 최고 경영진의 과업 갈등 및 관계 갈등에 어떻게 영향을 미치는지 그리고 창업자의 성향, 최고 경영진의 과업 갈등 및 관계 갈등이 신생 벤처 기업의 경영 성과에는 어떠한 영향을 미치는지를 분석했다.

창업자의 개방성과 친화성은 과업 갈등을 증가시키는 반면 성실성은 과업 갈등을 감소시킨다. 창업자의 개방성, 외향성, 성실성은 관계 갈등을 감소시키는 반면 신경질적인 성향은 관계 갈등을 증가시킨다. 또한 과업 갈등은 벤처 기업의 경영 성과를 증가시키는 반면 관계 갈등은 벤처 기업의 경영 성과를 감소시킨다.

2 de Jong, A., M. Song, and L. Song, 2013, How lead founder personality affects new venture performance: The mediating role of team conflict, *Journal of Management*, 39(7), 1825－1854.

특히 신생 벤처 기업의 경영 성과는 창업자의 개방성과 신경질적인 성향만 영향을 미치는 것으로 나타났다. 즉, 창업자의 개방성과 신경질적인 성향은 과업 갈등 및 관계 갈등을 통해 기업 성과에 영향을 미친다고 결론 내릴 수 있다.

이 연구 결과는 벤처 기업의 인적 자원 관리에 대한 시사점을 제공한다. 벤처 기업 창업자는 최고 경영진을 구성할 때 관계 갈등의 최소화를 미리 고려해 볼 수 있다. 예를 들어 신경질적인 성향이 높은 창업자는 신경이 과민하지 않은 최고 경영진을 구성함으로써 관계 갈등을 최소화하여 기업 성과를 최대화하는 데 주력할 수 있을 것이다.

벤처 기업의 정의

앞에서 살펴본 기업가 정신의 주요 요소를 골고루 보유한 어떠한 사업가가 대학가에서 아주 독특한 맛을 내는 도시락을 만드는 가게를 운영하다가 이를 기업화 및 체인화하여 전국 각지에 있는 대학가에 매장을 오픈한다면 이를 벤처 기업이라고 할 수 있을까?

10억 원의 펀딩을 받아서 매년 꾸준히 3억씩 5년간 원금과 이자를 회수할 수 있는 소위 말해 탄탄한 회사는 벤처캐피탈리스트에게서 1순위로 러브콜을 받을 수 있을까?

창업＝벤처라고 생각하는 많은 사람에게는 일반 소기업/중소기업 창업과 벤처 창업 사이에 어떤 차이가 있을지 혼동이 생길 수 있다. 벤처 기업은 일반 중소기업3과는 차별화된 '초기 단계에 있는 잠재력과 성장성이 높은 회사(early-stage, high-potential, and high growth startup companies)'로 정의할 수 있다. 우리가 벤처(venture)라고 부르는 용어는 실제로 미국에서는 스타트업(startup)이라는 용어로 쓰인다. 스타트업의 경우 의약, 제조업, 유통/서비스 등 다양한 산업에 걸쳐서 분포하고 있지만 높은 잠재력과 높은 성장성이라는 조건을 만족하기 위해서 아이디어가 집약된 지식 기반 산업이나 첨단 산업에 집

---

3 「중소기업기본법 시행령」에서는 각 업종별로 규모 기준을 규정하여 제조업은 상시 근로자 수 300인 미만이거나 자본금이 80억 원 이하인 경우, 광업·건설업·운송업은 상시 근로자 수 300인 미만이거나 자본금 30억 원 이하인 경우, 도소매·서비스업은 세부 업종별로 상세하게 구분하여 상시 근로자 수 기준은 300인부터 50인까지, 매출액 기준은 300억 원부터 50억 원까지로 중소기업 범위를 규정하고 있다.

중되어 있다.

우리나라에서는 벤처 기업 육성에 관한 특별조치법 제2조에 의해 벤처 기업의 범위를 다음과 같이 정의하고 있다.

표 1.2 우리나라 벤처 기업의 범위

유형	기준
벤처캐피탈 투자 기업	벤처캐피탈이 기업 자본금의 10% 이상 투자하고, 투자 금액이 5천만 원 이상인 경우
기술 평가 보증/대출 기업	기술 보증 기금 또는 중소기업 진흥 공단이 기업의 기술 평가를 실시한 후 담보 없이 총 자산의 10% 이상, 최소 8천만 원 이상을 보증 또는 대출하는 경우
연구 개발 기업	기업 부설 연구소를 보유한 기업으로서 연구 개발비가 총 매출액에서 차지하는 비율이 중소기업청장이 정하여 고시하는 업종별 비율(5~10%) 이상으로서 5천만 원 이상인 경우

다시 질문으로 돌아가서 두 가지에 대한 대답을 해 보자. 첫째, 대학가에서 아주 독특한 맛을 내는 도시락 체인을 소유한 기업의 경우 벤처캐피탈의 투자를 받을 수도 있겠지만 아무래도 아이디어가 집약된 지식 기반 산업이나 첨단 산업에 속한다고 판단하기는 어렵기 때문에 벤처 기업으로 구분될 가능성이 낮다. 둘째, 높은 잠재력과 높은 성장성이라는 조건을 생각해 보자. 10억 원의 펀딩을 받아서 낮은 리스크를 가지고 매년 안정적으로 3억씩 5년간에 걸쳐 원금과 이자(원리금)를 회수할 수 있는 능력을 보유한 회사의 경우, 10억 원의 펀딩으로 1,000억 원에 이르는 기업 가치 확보를 추구하는 경우와 비교하

여 안정적인 성장을 지향하는 회사에 가깝다고 볼 수 있다. 따라서 이러한 기업의 경우 벤처캐피탈보다는 낮은 위험(low risk)과 안정적인 수익률(solid return)을 추구하는 은행권에서 연 5% 이율로 융자를 받는 편이 더 용이할 수 있다. 오히려 벤처캐피탈에서는 매년 원금을 꼬박꼬박 갚지는 못해도 혹은 5년 후에 회사가 파산하여 아무것도 회수하지 못할 가능성이 있더라도 5~10년 후 10억 원의 투자가 1,000억 원이 될 수 있는 폭발적인 잠재력을 가진 회사를 선호하는 것이 일반적이다.

벤처 기업의 중요성

매년 발표하는 Fortune Global 500에 선정된 기업들 중 벤처 기업으로 시작한 많은 회사들을 어렵지 않게 찾아볼 수 있는 현상은 벤처 기업이 일반 중소기업보다 경제 기여도가 높다는 사실을 증명해 주는 한 예가 될 수 있다. 2014년 Fortune Global 500 선정 기업 중 15위인 애플, 50위인 휴렛패커드, 104위인 마이크로소프트, 112위인 아마존, 195위인 인텔 등도 벤처 창업 기업으로 시작하여 Fortune Global 500에 선정되었을 뿐만 아니라 혁신을 통한 기술 개발로 미국 및 전 세계에 사회적 변화를 가져왔다. 이처럼 벤처 기업이 새로운 기술을 개발하고 이를 사회에 확산시키는 것은 Acs와 Audretsch(1990) 및 Rosen(1991)의 실증 연구에서도 잘 밝혀진 바 있다.

벤처 기업은 일반 중소기업보다 고용 창출 측면에서 경제적 기여도가 높은 것으로 알려져 있다. 미국의 경우 벤처캐피탈이 차지하는 일자리가 미국 GDP의 2% 수준이며, 벤처 투자 기업의 매출은 미국 GDP의 21%를 차지하고 민간 분야 일자리의 11%를 창출한다. 이러한 고용 창출 관련 지수는 한 국가의 혁신을 대변하는 지표이자 지식 경제의 정도를 가늠하는 지표로 쓰이고 있다.

우리나라의 경우 벤처 기업의 수는 전체 기업 대비 0.8%를 차지하는 미미한 숫자임에도 불구하고 표 1.3과 같이 전체 고용 인원의 4.7%인 약 70만 명을 고용하고 있다. 기업당 평균 근로자 수의 경우 표 1.4와 같이 일반 중소기업이 3.9명인데 비해 벤처 기업은 24.8명으로 일반 중소기업보다 6.4배 높은 수치이다.

표 1.3 고용 인원

(단위: 천 명)

구분	2003	2004	2005	2006	2007	2008	2009	2010	2011	2012
전체	11,870	11,824	11,902	12,234	12,818	13,070	13,398	14,135	14,534	14,891
중소기업	10,309	10,211	10,449	10,678	11,344	11,468	11,751	12,263	12,626	13,059
벤처기업	301	267	339	356	398	416	508	670	665	695

출처: 통계청, 중소기업청, 벤처 기업 협회

표 1.4 기업당 평균 근로자 수

(단위: 명)

구분	2003	2004	2005	2006	2007	2008	2009	2010	2011	2012
전체	4.0	4.0	4.1	4.2	4.2	4.3	4.4	4.5	4.5	4.4
중소기업	3.5	3.5	3.6	3.6	3.7	3.8	3.8	3.9	3.9	3.9
벤처기업	37.6	33.4	33.9	29.7	28.4	27.7	26.7	26.8	25.6	24.8

출처: 통계청, 중소기업청, 벤처 기업 협회

특히 평균 매출액(표 1.5)의 경우 67억 원(2012년 기준)으로 일반 중소기업(52억 원)의 1.3배이며 이로써 일반 중소기업보다 벤처 기업이 경제 기여도가 높음을 알 수 있다. 또한 주목할 만한 사실은 표 1.6과 같이 매출 규모뿐만 아니라 영업 이익률(5.5%)에 있어서도 내실 있는 경영으로 국가 경제에 기여하고 있음을 알 수 있다.

표 1.5 기업당 평균 매출액

(단위: 억 원)

구분	2003	2004	2005	2006	2007	2008	2009	2010	2011	2012
중소기업	26	28	29	31	33	39	43	46	50	52
벤처기업	73	79	69	74	52	60	65	72	70	67

출처: 통계청, 중소기업청, 벤처 기업 협회

표 1.6 기업당 평균 영업이익률

(단위: %)

구분	2003	2004	2005	2006	2007	2008	2009	2010	2011	2012
전체	8.2	9.4	7.2	6.0	6.8	6.6	6.5	7.8	6.1	4.7
중소 기업	4.6	4.5	4.3	4.3	4.4	4.8	5.6	5.5	4.2	3.1
벤처 기업	7.2	7.0	6.6	6.5	8.3	7.3	6.8	6.0	4.8	5.5

출처: 통계청, 중소기업청, 벤처 기업 협회

벤처 기업은 수출에 차지하는 기여도 역시 높다. 표 1.7에서 보듯이 2013년 벤처 기업이 수출한 금액은 152억 달러로 총 수출의 2.7%를 차지하고 있다.

표 1.7 수출액

(단위: 억 달러)

구분	2003	2004	2005	2006	2007	2008	2009	2010	2011	2012	2013
총 수출	1,938	2,538	3,844	3,255	3,715	4,220	3,635	4,664	5,552	5,481	5,596
벤처 수출	71	90	103	110	131	133	116	159	177	177	152

출처: 벤처 기업 협회

2014년 기준 매출 1,000억 원 이상인 벤처 기업(이하 벤처 1,000억 기업)의 수는 2005년 조사 이래 9년 만에 6.7배 증가했다. 벤처 1,000억 기업 중 3년 연속 20% 이상 매출이 증가한 고성장 벤처 기업은 40개사로 집계됐다. 고성장 벤처의 87.5%가 해외 수출을 하고 있었으며 평균 수출액은 916억 원으로 고성장을 제외한 일반 벤처 1,000억 기업(551억 원)보다 많았다. 벤처 1,000억 기업의 총 고용 인력은 16만 6,164명으로 업체당 평균 고용 인력은 2013년 대비 3.1% 증가하여 366명을 기록했다. 이 같은 고용 증가율은 중소 제조업(1.4%)의 2.2 배, 대기업(2.1%)의 1.4배로 벤처 기업이 경제 기여도가 높다는 사실을 증명해 준다. 벤처 1,000억 기업은 성장성과 수익성 면에서도 우수한 성과를 보였다. 벤처 1,000억 기업의 평균 매출액은 2,229억 원으로 2003년 대비 8.2% 증가했는데 이는 중소기업(4.6%) 및 대기업(0.6%) 매출액 증가율보다 높은 수치였으며 평균 영업 이익액은 전년보다 9.9% 증가했다. 평균 매출액 대비 영업 이익률은 6.9%로 일반 중소기업(4.2%) 및 대기업(4.6%)보다 높게 조사됐다.

따라서 벤처 기업들은 일반 중소기업과는 차별화된 '초기 단계에 있는 잠재력과 성장성이 높은 회사'로 일반 중소기업보다 수출 및 고용 창출 측면에서 경제 기여도가 높다는 점을 명확히 인지하여 벤처 기업이 강소 기업으로 성장해 국가 경제에 기여할 수 있는 환경 조성이 절실하다.

벤처 기업의 발전 단계

모든 기업은 고유의 특성을 가지고 성장하지만 기업이 성장하며 거쳐가는 발전 단계는 통상적으로 3~5단계로 구분한다. 여기서는 기업의 발전 단계를 창업기(startup), 초기(early), 확장기(expansion), 성숙

기(later), 재조정기(restart)의 5단계로 구분하여 설명한다. 하지만 한 기업에 속한 서로 다른 사업부가 각각 다른 단계에 있을 수 있고 기업의 활동 영역에 있어서도 생산 관리와 조직의 단계가 서로 다를 수 있는 등 여기서 소개하는 기업의 발전 5단계를 모든 기업에 일괄적으로 적용하기에는 무리가 있다. 그러나 기업의 발전 단계에 따른 분류가 유용한 이유는 특정 단계에서 기업들이 겪는 문제의 성격이 유사하며 기업이 한 단계씩 성장할 때마다 직면하는 핵심 문제의 성격 또한 바뀌기 때문이다.

1단계 : 창업기

창업기의 기업은 이제 막 설립자와 소수의 경영팀, 회사의 전략만을 갖추었으며 설립된 지 18개월을 넘지 않는다. 사업 계획을 구상 중이거나 구상을 하였으며 이 단계를 거치면서 보다 현실성 있는 사업 계획서를 갖추게 된다. 상품 또는 서비스의 개발을 진행 중이며 매출로부터의 수익은 발생하지 않는다. 이 단계의 투자 자금은 2천~3천만 원 수준이며 5천만 원을 넘지 않는 경우가 많다. 위험성이 높고 규모가 작기 때문에 벤처캐피탈보다는 친척이나 주변 사람들 등 엔젤(angel)[4]의 투자가 더 적합하다.

---

4 엔젤 투자자는 투자자의 자금을 끌어다 투자하는 금융 중개 기관인 벤처캐피탈과 달리 본인의 자금을 직접 투자한다. 보통 기업가의 친한 친구나 친척으로 매우 부유한 개인이거나 특정 산업에 종사한 경력을 지닌(주로 이전에 성공한 기업가) 사람들로 동종 업계에 투자를 하고 조언을 해 주는 그룹이다. 벤처캐피탈의 주요 투자 대상보다 초창기 기업에 주로 투자한다.

제품 또는 서비스의 개발 상태는 보통 실험실에서 제품이나 기술을 실험하는 알파 테스트 단계이다. 기업의 전략은 살아남는다는 생존에 집중한다. 대체로 설립자 자신이 바로 기업이고 직접 중심이 되어 모든 중요 과제를 처리해야 하며 기업의 방향성을 제시해야 한다.

창업기의 자금 조달의 경우 법적인 비용이나 협상의 비용이 제일 적게 들지만 가장 실수가 많기도 하다. 이 단계에서 잘못된 의사 결정을 하게 되면 회사에 영구적으로 문제를 일으킬 수 있기 때문에 좋은 선례를 남기는 것이 중요하다.

아이러니하게도 이때는 기업의 가치가 너무 높게 평가되어 지나치게 좋은 조건의 자금 조달을 받는 것을 경계하여야 한다. 만약 향후에 이러한 자금 조달 조건에 합당한 성과를 거두지 못하여 지금보다 높은 가치로 평가받지 못한다면 현재 투자자에게서 다음 단계를 위한 추가적인 투자를 받을 수 있을지가 불투명해진다. 그뿐만 아니라 이들은 다른 투자자들의 참여로 인해 지분이 희석되는 것을 꺼리기 때문에 다른 투자자의 투자마저 방해할 수 있다. 이러한 사례는 엄밀한 가치 평가의 과정 없이 그저 다음 단계에서 더 높은 가격을 받을 것만을 기대하고 투자하는 비전문적인 투자자를 만날 때 종종 발생하며 기업의 추후 자금 조달과 성장에 장애가 된다.

2단계 : 초기

초기 단계의 기업은 보통 설립된 지 3년 미만이며 개발된 시제품이 소수의 고객에 의해 테스트되는 베타 테스트 단계에 있다. 초기 단계에서의 투자를 거치면서 설립자, 투자자, 직원 그룹 간의 소유 구조가 확립된다. 투자는 5천만 원~1억 원 사이이며 아직도 기업은 존립 단계에 있다. 기업 조직은 체계적이지 못하고 단순하며 적은 수의 직원으로 주먹구구식 경영을 하게 된다. 단기적으로는 수익과 지출의 균형을 달성하고 설비 수선이나 교체를 담당할 수 있는 충분한 현금 수익의 창출이 경영의 목표이다.

창업기에서와 마찬가지로 자금 조달을 할 때 좋은 선례를 남기는 것이 중요하다. 이때는 청산의 우선순위 조건을 꼼꼼히 따져 보아야 한다. 투자 금액이 그리 크지 않기 때문에 기업주는 종종 우선순위를 별 생각 없이 합의하게 되는데 이후다음 단계에서 더 큰 금액을 조달하게 될 때 이것이 보통주 주주의 수익을 크게 해칠 수 있다. 또 하나 주의해야 할 사항은 투자자 보호 조항이다. 되도록 모든 우선주 주주들이 동일한 투자자 보호 조항을 갖도록 해야 미래에 갈등을 줄일 수 있다. 기업의 발전 단계를 초기-중기-후기의 3단계로 구분할 경우 창업기와 초기를 묶어서 초기로 구분한다.

3단계 : 확장기

확장기의 벤처 기업은 어엿한 하나의 기업으로 자리를 잡았다고 볼 수 있으며 급성장의 초입에 있다. 이 단계에서는 제품이나 서비스의 생산 및 판매가 증가되는 추세에 있으나 반드시 이윤을 내고 있지는 않다. 특히 생산량 증가에 따라 시설 투자나 연구 개발, 유통망 확충 등 추가적 비용이 발생하여 여전히 적자를 보고 있는 경우도 많다. 지

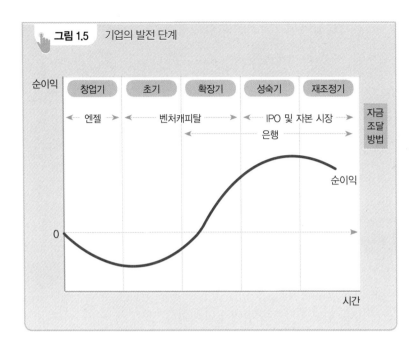

그림 1.5 기업의 발전 단계

금까지의 성과를 바탕으로 회사를 확장할 것인지 아니면 회사의 안정성과 수익성을 우선적으로 추구할 것인지 결정하여야 한다. 만약 회사를 확장한다면 급성장을 달성하기 위한 전략이 필요하다. 복잡해지는 업무를 효율적으로 관리하기 위한 조직과 관리자가 필요하고 이익이 나더라도 투자에 필요한 금액에 턱없이 부족하기 때문에 지속적으로 투자를 유치하여야 한다. 과거의 실적도 있고 이익의 발생으로 기업의 생존 가능성이 어느 정도 검증되었기 때문에 기업 가치도 높아 가치 평가도 전 단계에 비해 상대적으로 용이해진다. 벤처 기업에 대한 투자 금액은 수억 원대가 대부분이다.

이 단계의 투자에서는 기업의 지배 구조(corporate governance)가 문제가 될 수 있다. 미국의 경우 투자자들은 종종 이사회에 자리를 요구한다. 만일 매 투자 라운드마다 주요 투자자를 새 이사로 임명할 경우 자칫 투자자가 이사회를 주도하게 된다. 그리고 이제 회수가 점점 현실성 있게 다가오는데 만일 이전 단계에서 높은 가치 평가를 받고 자금 조달을 했다면 벤처캐피탈이 기대하는 회수가치가 지나치게 높아 회수 시점을 놓고 갈등이 생길 수 있다.

4단계 : 성숙기

기업이 성숙 단계에 들어서면 매출액 증가율이 어느 정도 안정되고 드디어 상품 또는 서비스의 판매로 순이익을 실현하게 된다. 이때는 신상품 개발 및 새로운 시장 개척으로 시장 점유율을 유지하여 급성장을 통해 얻은 재무적 이익을 유지하면서도 경영 환경 변화에 유연하게 대처하는 등 그동안 기업가 정신을 통해 누려온 중소기업으로서의 장점을 계속 유지할 수 있도록 해야 한다. 경영 전략은 기업의 비효율성 제거에 초점이 맞추어져 있다. 따라서 예산 관리, 목표 관리, 표준 원가체계 등이 도입되고 필요에 따라서는 조직을 혁신해야 한다.

이 단계에서는 재무 구조를 개선하거나 독립적인 기업으로서의 기반 확보, 기존 사업부의 독립(spin-off), 새로운 분야의 연구 개발 등을 위하여 자금을 조달한다. 투자자들은 본격적으로 기업 공개(IPO)나 인수 합병(M&A)을 통하여 회수를 실행하게 된다. 기업이 공개되면 자본 시장에서 보다 안정적으로 자금을 조달할 수 있게 된다.

5단계 : 재조정기

재조정기는 기존의 혁신적 제품에 대한 장점이 사라지고 시장에 새로운 경쟁자나 신제품이 나타나는 시기이다. 기업은 사업을 철수하거나 신기술 도입 또는 신제품 생산을 통하여 시장 점유율을 유지해야 한다. 수익성 악화를 극복하기 위해 비용 감축 전략이 필요하며 필요 없는 생산 라인의 임대나 매각이 이루어진다.

한국의 창업 열풍

최근 한국의 대학가에 창업 열풍이 거세게 불고 있다. 많은 취업 관련 조사에 의하면 대학생들의 70% 이상이 창업에 관심이 있다고 한다. 또한 중소기업청과 창업 진흥원이 실시한 '2014년 대학 창업 인프라 실태 조사'에 따르면 창업 강좌가 2013년 1,051개에서 2014년 2,561개로 증가하며 수강생이 4만 8,000명에서 12만 4,000명으로 급증했다. 창업 동아리도 2013년보다 천여 개가 더 늘어나 2,949개(2만 9,583명)에 이르고 있다.

창업 동아리의 주된 분야는 대학생들이 손쉽게 창업할 수 있는 소프트웨어와 모바일 등의 지식 서비스업(48.0%)이 가장 많고 제조업(35.9%)과 기타 업종(16.1%)이 그 다음이었다. 대학 재학 중의 창업 동아리 활동이 실제 창업으로 연결되는 성공 사례도 다수 배출됐다.

이러한 창업 열풍을 장려하기 위해 대학들은 창업 경진 대회를 개최하여 상금을 지급하며, 지방 자치 단체나 중소기업청, KOTRA 등의 단체에서 대회를 개최하기도 한다. 특히 대한민국 창업 리그는 전국 86개 창업 경진 대회를 통합한 대회다. 일종의 오디션 방식으로 86개 경진 대회에서 선정된 100개 내외의 우승팀이 전국 본선을 치르고 30개팀이 전국 결선에 선발된다. 이 중 10개 팀을 뽑아 왕중왕전인 '슈퍼스타V'를 치른다. 총 상금은 9억 원 규모이며 왕중왕상은 1억 원에 각종 창업 지원 사업 연계 지원을 받고 전국 본선에만 올라가도 500만 원의 상금이 수여된다.

정부, 공공 단체, 기업 및 학교의 창업 지원 이외에도 대학생 스스로 창업 조직을 꾸리고 관련 행사를 주최하는 모습도 보인다. 눈에 띄는 대학생 창업 조직은 전국 학생 창업 네트워크(SSN: Student Startup Network)이다. 전국 44개 대학 69개 창업 동아리가 모인 SSN은 경기도, 경상도, 충청도, 전라도, 강원도, 서울시에 걸쳐 전국 6개의 지부를 갖춘 대학생 창업 조직이다.

이러한 창업 열풍은 대학생에게만 한정된 것은 아니다. 한국 경영자 총협회의 '2014년 신입 사원 채용 실태 조사'에 의하면 대졸 신입 사원의 퇴사율은 25.2%에 이른다고 한다. 이 인원 중 상당수는 회사가 아닌 본인을 위한 일을 하기 위해 혹은 대기업의 말단 사원으로 일하는 것보다 리더십을 발휘하기 위해 창업의 문을 두드리는 것으로 보인다. 실제 전자신문이 2012년 모바일 여론 조사 회사인 아이디인큐에 의뢰한 직장인 스타트업 창업 관심도 조사(커피숍 · 편의점 등 생활창업 제외)에 따르면 설문에 참여한 전국 직장인 200명(20~50대) 중 84.5%인 169명이 주위에 창업을 하거나 창업을 고민하는 사람

그림 1.6 한국의 다양한 창업 경진 대회

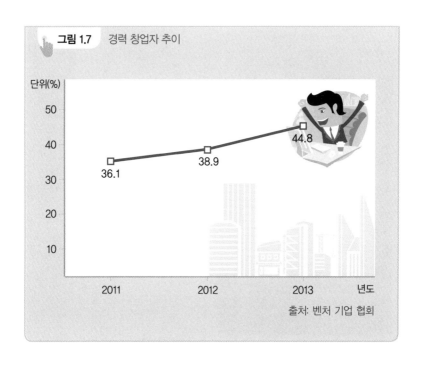

그림 1.7 경력 창업자 추이

단위(%)

36.1

38.9

44.8

2011   2012   2013   년도

출처: 벤처 기업 협회

이 있는가(본인 포함)라는 질문에 '예'라고 답했다.

　국세청 자료에 따르면 2013년 신규 사업자 105만 2,329명 중 40대 이상 중장년층 창업자는 67만 2,425명으로 전체의 절반 이상을 차지했다. 베이비붐 세대의 은퇴가 본격화되면서 창업 등으로 경제 수명을 늘려가는 경력 창업자의 비중이 점차 늘고 있다. '벤처 기업 정밀 실태조사 보고서(2010~2013)'에 따르면 11년 이상 창업 관련 분야에서 실무 경험을 쌓은 창업자의 비율은 2011년 36.1%에서 2012년 38.9%, 2013년 44.8%로 높아졌다. 이처럼 기업에서 10여 년 이상 일하던 중년의 전문가들이 노하우와 경험, 네트워크를 토대로 하는 창업의 경우

고부가 가치 창출이 가능하고 고용 등 국가 경제에 미치는 바람직한
경제적 파급 효과도 기대된다.

'카카오'의 영향력이 온·오프라인을 뒤덮으며 김범수 의장의 존재감이 다시금 재조명되고 있다.

1966년생인 김범수 의장은 서울대학교 산업공학과 86학번으로 이해진 NHN 이사회 의장, 김정주 NXC 대표, 김택진 엔씨소프트 대표와 함께 학교를 다녔다. 이해진 NHN 의장과 지금의 NHN을 만들고 김정주, 김택진 대표로부터 카카오에 투자를 받은 것 등도 이때의 인연이 가능하게 했다고 한다. 같은 학교에서 석사 졸업 후 김 의장은 1992년 삼성SDS에 입사해서도 승승장구했다. 남들이 코볼, 포트란으로 프로그램을 만들 때 윈도우(Windows)에 집중했던 김 의장은 삼성SDS가 국내 최초의 윈도우 환경 PC통신 유니텔(Unitel)을 성공시키는 데 큰 기여를 했다.

하지만 1998년 잘나가던 삼성SDS에 사표를 던지고 '온

 4,000만 명 이상의 인구가 사용하는 카카오톡

KakaoTalk

라인에서 즐기는 세상을 만들겠다'는 취지 아래 마이너스 통장으로 마련한 500만 원으로 '한게임'을 창업했다. 1999년 말에 첫 서비스를 시작한 한게임은 입소문을 타고 3개월 만에 이용자 100만 명을 넘어섰으며 1년 반 만에 1,000만 명을 돌파했다. 가입자가 폭발적으로 늘어나고 있던 2000년 '한게임'과 '네이버'의 합병으로 탄생한 NHN에서 김 의장은 이해진 의장과 공동 대표를 맡았다. 2007년 미국 시장 개척을 위해 NHN USA 대표로 자리를 옮긴 후 안식년을 보내던 김 의장의 눈에 들어온 것은 애플의 아이폰이었다.

귀국 후 김 의장은 국내에 출시도 되지 않았던 아이폰을 들여와 직원들에게 스마트폰 애플리케이션을 만들도록 했고 '부루닷컴', '위지아' 등의 실패 끝에 모바일 메신저 '카카오톡'을 탄생시켰다.

2010년 3월 모바일 메신저 시장에 뛰어든 카카오톡은 2011년 4월 1,000만 명, 2012년 3월 4,000만 명의 이용자 기록을 돌파하였다. 2012년 흑자를 달성한 이후 지금까지 폭발적인 성장세를 보이며 2014년 5월에는 '다음'과 합병하여 '다음카카오' 통합 법인으로 국내 IT업계의 왕좌를 굳건히 지키고 있다. 항상 현실에 안주하지 않고 새로운 것을 찾아 나섰던 김범수 의장의 다음카카오 이후의 새로운 목표는 무엇일지 기대가 된다.

미국의 창업 교육 열기

미국에서는 학부에서 경영학 수업을 제공하는 학교가 많지 않은 편이어서 전문적인 경영 실무 교육은 의학 전문 대학원, 법학 전문 대학원과 함께 3대 전문 직업 학교로 꼽히는 경영 대학원의 MBA(Master in Business Administration) 프로그램에서 담당하고 있다.

1990년대 중반부터 2000년대 초반까지 미국 명문 경영 대학원 졸업생들이 선호하는 직장에 대한 설문 조사에서는 대기업보다 파격적인 연봉을 제공하는 맥킨지(McKinsey & Company)를 비롯한 경영 컨설팅 회사와 골드만삭스(Goldman Sach)를 비롯한 투자 은행들이 상위에 랭크되었다. 하지만 미국에서 시작한 금융 위기 이후 MBA 졸업장은 과거처럼 매력적인 연봉을 보장해 줄 수 없게 되었고 구직난을 겪는 MBA 학생들은 졸업 직후 또는 재학 중에라도 적극적으로 창업을 시도하는 추세이다.

미국의 MBA 과정도 과거에는 대기업의 중견 내지는 고급 간부를 배출하거나 MBA 졸업 후 연봉을 입학 전과 비교하여 크게 올릴 수 있는 고부가 가치 직무인 경영 컨설턴트, 투자 은행가를 배출하는 것에 중점을 두었다. 하지만 금융 위기 이후 MBA 프리미엄이 사라졌다는 무용론이 나오자 미국 경영 대학원들은 사회적 기업, 비영리 기구를 위한 특별 프로그램을 만들기도 하며 앞다투어 창업 프로그램을 활성화시키고 있다.

MBA 과정에서 제공하는 창업 관련 과목들은 재학생들 사이에서 인기가 하늘을 찌른다. 창업의 천국이라고 불리는 미국 캘리포니아 주 실리콘 밸리 근처에 위치한 스탠포드 경영 대학원 MBA의 경우 2013년 졸업생의 18%가 창업을 하였는데 이는 닷컴 붐이 있던 1990 년대 말의 12%를 훨씬 웃도는 수치였다.

하버드 경영 대학원의 경우에도 이러한 창업에 대한 관심이 예외는 아니다. 1997년부터 매년 New Venture Competition(NVC)이라는 벤처 창업 경연 대회를 개최하고 있다. 하버드의 벤처 창업 대회 NVC 는 두 가지 파트로 구성이 되어 있어서 폭발적인 시장 성장이 가능한 사업 아이디어 중심이 되는 비즈니스 트랙(business track)과 비영리 또는 영리 기업이 사회의 변화를 주도하는 사업 아이디어 중심이 되는 사회적 기업 트랙(social enterprise track) 중 하나를 고를 수 있다.

이 대회에 참가하기 위해서 팀원 중 한 명은 최소한 하버드 경영 대

그림 1.8 하버드 경영대학원에서 매년 열리는 New Venture Competition의 로고

학원의 재학생이어야 하며 하버드 경영 대학원의 졸업생 200명 이상 이 조언자나 심사위원으로 참가하게 된다. 각 트랙별로 대상은 5만 달러(한화 약 5천만 원), 우수상은 2만 5천 달러(한화 약 2천 5백만 원) 의 상금을 수여하며 총 15만 달러(한화 약 1억 5천만 원)의 상금이 조성되어 있다. 수상자는 이 현금 상금 이외에도 기타의 현물 상금 및 투자금도 제공받을 수 있다. 2014년 비즈니스 트랙의 대상을 수상한 알프레드팀의 경우 30만 달러(한화 약 3억 원) 이상의 상금과 투자금을 제공받았다. 2014년의 경우 총 150명의 MBA 재학생들과 하버드 내 다른 6개의 대학원생들이 참가할 정도로 그 열기가 대단했다.

벤처 기업 경영 전략

02

원래 전략이라는 용어는 전쟁에서의 승리를 위해 여러 전투를 계획하고 수행하는 방법을 의미한다. 기업들이 사업을 계획하고 운영하며 다른 기업들과의 치열한 경쟁에서 승부를 가르는 것은 일종의 전쟁이다. 따라서 기업의 경영 전략은 기업의 목표를 달성하기 위해 기업 외부 환경 및 내부 역량을 고려한 종합적인 기업의 활동계획이라고 할 수 있다.

그림 2.1과 같이 기업은 미션과 비전, 목표를 설정한 후 기업 내/외부의 전략적 환경을 분석하여 전략을 수립하고 이를 실행 및 평가하는 과정을 거치게 된다.

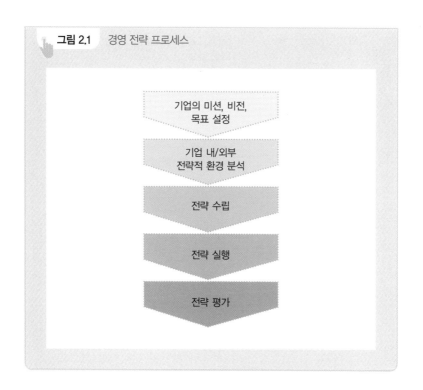

그림 2.1 경영 전략 프로세스

기업의 미션, 비전,
목표 설정

기업 내/외부
전략적 환경 분석

전략 수립

전략 실행

전략 평가

기업의 미션, 비전 및 목표

기업의 미션, 비전 및 목표라는 개념은 서로 유사하여 어렵게 들릴지
모른다. 기업의 미션은 기업이 추구하고자 하는 궁극적 가치, 즉 기업
이 존재하는 이유이다. 반면 비전은 이러한 미션을 이루기 위해 기업
이 나아가야 할 방향이며, 목표는 이러한 비전을 장기적으로 실현하
기 위해 각 단계별로 밟아나가야 할 단기 계획이다.

조금 더 쉽게 이해하기 위해서 많은 사람들이 잘 알고 있는 세계적
인 놀이공원 '디즈니랜드'를 생각해 보자. 이 디즈니랜드가 존재하는

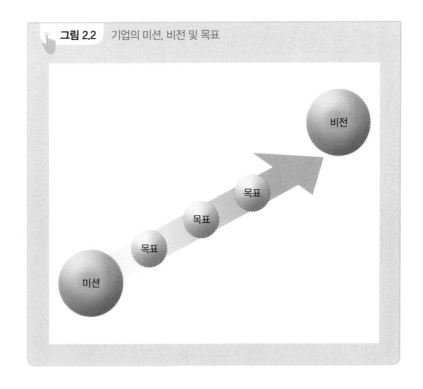

그림 2.2 기업의 미션, 비전 및 목표

이유인 미션은 사람들을 행복하게 만드는 것이고, 이 미션을 이루기 위한 디즈니랜드의 비전은 세상에서 가장 행복한 장소(놀이공원)를 제공하는 것이다. 또한 이러한 비전을 달성하기 위해 순차적으로 목표를 세워 월트디즈니사는 1955년 미국 캘리포니아 주 로스앤젤레스 교외에 사업장을 개설하였고, 1971년에는 미국 플로리다 주 올랜도에 디즈니월드를 개장, 1983년 일본 도쿄, 1992년 프랑스 파리, 2005년 홍콩 개장에 이어 2016년에는 중국 상하이에 놀이공원을 개장할 예정이다.

강문영 교수의 청춘 마케팅(1)

미션과 비전
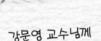

강문영 교수님께

교수님, 그동안 안녕하셨어요?

올해 초 그토록 원하던 OO기업에 입사한 제자 김대한입니다.

인사가 너무 늦었지요.

실은 요즘 고민이 있어서 하루하루 힘들게 살고 있습니다.

요즘 제 고민은 삶의 의미를 찾기 어렵다는 것입니다.

업무가 많다 보니 일과 중에는 정신 없이 일하지만, 퇴근 후나 주말
에는 허탈감이 밀려옵니다.

지금의 직장이 마음에 안 드는 것은 아닙니다.

그러나 일요일 밤이 되면 또다시 한 주 동안 의미 없이 인생을 소모
해야 한다는 생각이 엄습합니다.

김연아 선수가 올림픽 금메달을 땄을 때 김대한 씨 같은 현상이
찾아오지 않을까 많은 사람이 걱정을 했지요. 목표 하나만을 향
해 달리다가 막상 그것이 이루어지니 허탈감과 함께 무기력증이
찾아온 상황이군요.

먼저 허탈감의 원인이 무엇인지 생각해 보세요. 아마 뭔가 추구해야 할 목표가 없어졌고 그 때문에 인생을 허비하고 있다는 불안감이 자리 잡게 되었을것입니다. 인간은 목적이 없는 삶, 즉 무의미한 삶을 참아 내지 못하는 존재니까요.

우리의 삶을 여행에 비유했을 때 삶을 살아가는 이유는 목적지가 있다는 사실에서 나옵니다. 경영학에서는 이런 목적지에 해당하는 개념으로 미션(mission)과 비전(vision)을 제시합니다. 미션과 비전은 인생에서 나침반 역할을 합니다. 지도만 있고 나침반은 없는 상황에서 오지를 탐험한다고 생각해 보세요.

미션이니 비전이니 하는 말이 좀 어렵게 들리시지요? 쉽게 말해 미션은 내가 인생에서 추구하고자 하는 궁극적 가치, 즉 내가 살아가는 이유입니다. 비전은 미션을 이루기 위해 추구해야 할 미래의 모습(미래상)을 말하지요. 예를 들면 디즈니랜드의 미션은 '사람들을 행복하게 만드는 것'입니다. 비전은 '세상에서 가장 행복한 장소(놀이공원)'입니다.

미션과 비전은 인생의 나침반 또는 등대 역할을 함으로써 여러분이 방황하지 않고 활기차게 앞으로 나아가도록 도와줍니다. 그런데 상상만 하면 꿈이 이뤄질까요? 당연히 아닙니다. 여행자가 목적지만 생각해서는 여행을 마칠 수 없듯이 여러분이 미션과 비전을 이루기 위해서는 구체적인 중간 목표를 세우고 실천에 옮겨야 합니다. 회사는 전략기획실 같은 부서에서 5년이나

10년 동안 달성할 중간 목표를 설정하고 이것들이 제대로 실천되는지를 관리합니다.

여러분 역시 개인 차원에서 미래를 위한 중장기 계획을 세워야 더 만족스러운 삶을 살 수 있습니다. 그 과정에 큰 도움을 주는 것이 바로 '균형 성과 평가표(BSC: Balanced Score Card)'란 것입니다. BSC는 미션과 비전을 이루려는 회사나 개인이 균형 있는 성장을 하도록 도와주는 관리 도구입니다. 캐플런(Kaplan)과 노턴(Norton)이 '하버드 비즈니스 리뷰(Harvard Business Review)'에 처음 소개한 BSC는 추상적인 개념인 미션과 비전을 달성하기 위해 구체적인 목표를 설정해 주고 그 달성 정도를 쉽

사회 초년생 김대한 씨의 BSC (매월 말일 평가)

항목	평가 기준
업무	컨설턴트의 문제 해결 방법론 공부 지난달과 비교한 업무 개선 정도 업무 관련 교육 참석 여부 업무 미숙으로 받은 스트레스(감점)
주변 인물	업무 관련 인맥 구축 나를 좋은 동료로 인식할 직장 동료의 수 직장 상사와의 관계
자기 개발	한 달 동안 읽은 책의 수 외국어 시험 점수 향상 리더십 개발 매주 3회 이상 조깅 여부
재무	재테크 실적 용돈 초과 지출액(감점) 정기 적금 목표 금액 납입

게 알아볼 수 있도록 해 준다는 장점이 있습니다. 초창기 BSC는 재무, 고객, 비즈니스 프로세스, 학습과 혁신 등 4개 분야에서 균형적인 성장을 이루는 것을 목표로 했습니다. 하지만 상황에 따라 항목을 조정할 수 있습니다. 영국 공군은 재무 대신에 자원(resource) 항목을 사용했지요.

이제 당신 인생에 BSC를 적용해 봅시다. 그러기 위해서는 먼저 미션과 비전을 정해야 합니다. 김대한 씨의 경우 '금융업을 통해 모든 사람들의 삶을 풍요롭게 하는 것'을 미션으로, 그리고 '누구에게나 인정받는 금융업의 리더가 되는 것'을 비전으로 삼을 수 있겠지요. 성장 관리의 분야는 일단 업무(비즈니스 프로세스), 주변 인물(고객), 자기 개발(학습과 혁신), 재무의 4개 항목으로 해 봅시다. 김대한 씨의 미션과 비전을 달성하는 데 필요한 구체적인 활동과 평가 기준은 무엇일까요?

① 업무: 업무 역량이나 성과가 얼마나 개선됐는지, 회사로부터 표창을 받았는지 등이 들어갈 수 있을 것입니다.

② 주변 인물: 업무에 도움이 되는 인맥의 구성, 자신에 대한 회사 안팎 사람들의 평가 및 상사, 동료, 후배들과의 관계 등이 평가 항목이 됩니다.

③ 자기 개발: 한 달에 읽은 책의 수, 토익 점수의 상승 폭, 외국어 스터디 그룹에 참여한 횟수 등을 넣을 수 있습니다.

장기적으로 필수적인 리더십 개발과 체력 단련도 잊지 마세요.

④ 재무: 현대 사회에서 돈이란 결코 무시할 수 없는 요소입니다. 용돈의 관리, 재테크 실적, 저축 등의 항목을 고려해 보세요.

청과물과 건어물을 수출하던 삼성상회가 반도체, 건설, 금융업을 망라한 대기업으로 커 나가는 과정에는 미션과 비전을 기업 규모와 시대에 맞게 조정해야 할 상황도 있었을 것입니다. 그런 상황이 여러분 개인에게도 닥칠 수 있습니다. 그럴 때는 정말 근본적인 변화가 필요한지를 스스로 진단해 보고 진정한 변화가 필요하다면 과감하게 바꾸세요. 다만 너무 쉽게 바뀌는 것은 좋은 미션, 비전이 아니란 것을 알아 두셔야 합니다.

미션과 비전은 삶에 방향성을 부여할 뿐만 아니라 무엇이 중요한 것인지를 분명하게 밝혀 줍니다. 삶에 열정을 가능하게 하고 시간 낭비를 막아 줄 수 있는 것이지요. 또 삶이 고달파질 때 당신에게 힘이 되어 주기도 합니다. 좋은 미션과 비전을 설정하고 정기적으로 BSC를 사용해 중간 평가를 하면서 그때의 상황에 맞게 중간 목표를 조정해 준다면 좀 더 만족스러운 인생을 살 수 있을 것입니다.

기업 내/외부 전략적 환경 분석

기업의 거시 환경은 경제적 환경, 정치 법률적 환경, 기술적 환경, 사회 문화적 환경을 포함한다. 이는 사회의 제반 환경으로 대다수의 기업에 공통적으로 영향을 미친다.

- 경제적 환경: 이자율, 물가, 환율, GDP 성장률, 원유 가격 등
- 정치 법률적 환경: 정권, 상법, 세법, 독과점 규제법, 노동법, 소비자 보호법, 환경법 등
- 기술적 환경: 기술 혁신
- 사회 문화적 환경: 가치관, 전통, 문화, 인구 구조 변화, 라이프 스타일, 사회적 트렌드 등

하버드 경영 대학원 교수 Porter(1985)의 산업 구조 분석 모델에 따르면 다섯 가지 경쟁 요소(5 forces)를 고려하여 기업을 둘러싼 외부 환경을 분석할 수 있다.

- 기존 회사들 간의 경쟁, 즉 경쟁자 분석
- 새로운 경쟁자의 진입 위협
- 대체재의 위협
- 공급자의 협상력
- 구매자의 협상력

이 다섯 가지 경쟁 요소의 힘이 강하면 강할수록 기업에게는 위협이 되고, 이 다섯 가지 경쟁 요소의 힘이 약하면 기회가 될 수 있다.

기업 내부 환경은 기업 구조, 문화, 무형 자원 및 유형 자원에 대한 평가를 통해 강점과 약점으로 구분될 수 있다.

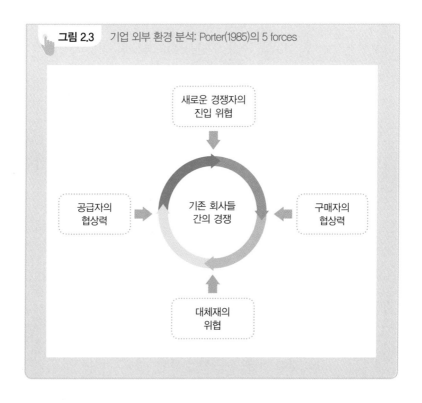

그림 2.3 기업 외부 환경 분석: Porter(1985)의 5 forces

기업의 외부 환경 분석과 내부 환경 분석을 종합하여 SWOT 분석('스왓'이라고 읽는다)이 가능하다. SWOT이 의미하는 바는 강점(strength), 약점(weakness), 기회(opportunity), 위협(threat)이다.

SWOT 분석을 활용해서 아래 그림 2.4와 같이 다양한 전략을 수립할 수 있다.

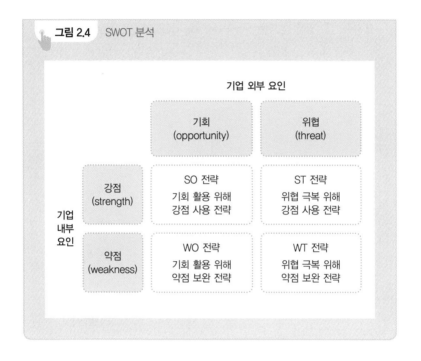

그림 2.4 SWOT 분석

'명량'은 지난 2009년 개봉된 '아바타'가 수립한 누적 관객수 1,330만 2,637명을 훌쩍 넘은 1,761만 1,849명의 관객을 기록하며 5년 만에 역대 박스오피스 기록을 경신했다. 명량은 개봉 첫날인 2014년 7월 30일에는 68만으로 역대 최고 오프닝 스코어를 기록했고, 8월 2일 하루에만 122만 9,010명의 관객을 동원해 일일 최고 기록까지 세웠다. 또한 개봉 5일 만에 역대 최단 기간 400만 관객 돌파라는 유례없는 기록을 세웠다.

하지만 명량을 기획할 당시 혹은 개봉 초반에 이 작품이 1,700만 명 관객을 동원할 소위 대박 영화가 되리라고 100% 확신할 수 있었을까? 이 부분은 속단하기 힘들었을 것이다. 따라서 이 영화의 제작자도 명량이라는 작품에 대해서 기획 당시부터 배급

이후까지 철저한 SWOT 분석을 하지 않았을까?

명량의 강점(Strength)

명량의 최대 강점은 스펙타클한 해상 전투신이다. 그동안 한국 영화는 물론 헐리우드 영화에서도 보지 못했던 전투신이 관객들을 사로잡는다. 열두 척의 배로 삼백 척이 넘는 배를 물리친 이순신 장군의 활약 영상에 완성도 높은 컴퓨터 그래픽 처리는 리얼리티를 살려 준다.

명량의 약점(Weakness)

해상 전투신으로 이야기를 풀어가는 과정은 이순신 장군의 고뇌에 집중하여 고민한 흔적으로 보이지만 빠른 전개 스타일에 익숙한 관객들에게는 스토리가 늘어지는 것으로 느껴져 약점으로 작용할 수 있다.

명량의 기회(Opportunity)

일일 100만 관객을 넘은 초반 명량의 인기 및 이에 따른 입소문 효과는 최종까지 흥행에 견인차가 될 수 있다. 특히나 명량은 첫 주말 스크린 1,586개관을 잡아 압도적인 스크린 점유율을 기록했다.

명량의 위협(Threat)

하지만 한정된 스크린 수 때문에 제로섬 게임에 가까운 영화 시장에서 명량 이후 개봉하는 유사한 소재의 '해적'과 '해무'가 명량의 스크린 점유율에 위협을 가할 가능성이 있다. 따라서 이러한 도전을 극복하기 위해서는 어떠한 마케팅 전략을 사용할지가 고민이 되었을 것이다.

기업의 전략 수립

경영 전략의 목적은 경쟁 우위를 확보하기 위함이다. 하버드 경영 대학원 교수 Porter(1979)에 따르면 경쟁 우위를 갖기 위해서는 쉽게 모방할 수 없도록 전략적 돌파구를 독특하게 조합해야 한다. 즉, 모방 기업이 자사의 사업 모형을 따라하려면 엄청난 비용과 시간이 들며 심지어 엄청난 시간을 들여서 따라 하더라도 기껏해야 산업 평균 이익 달성에 그치고 마는 것이다. 이러한 경쟁 우위의 원천은 핵심 역량이다.

핵심 역량은 기술, 디자인, 품질, 고객 서비스, 유통 관리, 인적 자원 관리 등 다양한 측면에서 가능하고 이를 통해 기업의 경쟁력이 강화되며 고객에게 더 높은 가치를 제공할 수 있다. 또한 기업의 핵심 역량에 따라 원가 우위 전략, 차별화 전략, 특정 시장 집중 전략을 선택할 수 있다. 각 전략을 아래의 사례들을 통해 배워 보자.

사례 2.2 원가 우위 전략: 중국 스마트밴드, 스마트워치

시장 조사 업체 캐널리스(Canalys)에 따르면 2015년 스마트밴드/워치 시장 규모는 2014년보다 300% 성장한 2천 800만 대이다. 2014년 스마트워치 시장은 삼성전자가 압도적인 1위를 차지했지만 향후 웨어러블 기기 시장에서도 스마트폰처럼 가격 경쟁력을 갖춘 회사가 시장을 주도할 수 있다.

구폰(Goophone)은 2013년 연말 카메라 기능을 지원하는 스마트워치를 20만 원 선에 출시했고, 화웨이(huawei)는 2014년 3월 스마트밴드 '토크 밴드(talk band)'를 14만 원 선에 출시했다.

샤오미는 2014년 8월부터 운동량 측정 등 헬스 케어 기능에 초점을 맞춘 스마트밴드 '미(Mi) 밴드'를 판매하고 있다. 가격은 13달러(한화 약 1만 3천 원)로 중국 경쟁사의 제품과 비교해도 10분의 1 수준에 불과하다.

시장 조사 기관 가트너(Gartner)는 중국 제조사들이 비용 우위를 기반으로 하여 무난한 디자인과 센서를 갖춘 스마트워치를

30~150달러 가격대로 제공한다면 스마트워치의 확산을 주도할 수 있을 것이라고 전망했다.

화웨이 토크 밴드

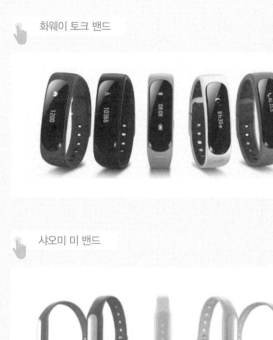

샤오미 미 밴드

2013년 화제의 TV 프로그램 중 하나로 tvN의 '응답하라 1994'를 꼽을 수 있다. 응답하라 1994 마지막 회 평균 시청률은 11.9%로 tvN의 채널인지도를 획기적으로 높였고 케이블 콘텐츠의 성장을 증명해 주었다.

응답하라 1994의 성공 요인은 어디에 있을까?

첫째, 서울, 경상도, 전라도, 충청도 출신으로 설정된 칠봉이, 쓰레기, 나정이, 삼천포, 해태, 윤진, 빙그레라는 일곱 명의 매력 넘치는 캐릭터가 구수한 사투리 열전을 보여주는 점이다. 대부분의 드라마는 특정 지역을 배경으로 하는데 응답하라 1994는 ―강원도와 제주도가 빠지기는 했지만― 대한민국의 많은 지역을 커버하였다. 이는 많은 수의 시청자들이 향수와 친근감을 느낄 수 있는 설정이었다.

둘째, 예능 PD의 드라마 연출이다. 기존 드라마의 관행을 깬 예능의 집단 창작이라는 새로운 집필 체제와 금요일과 토요일 저녁 8시 40분 편성 등 새로운 시도를 통해 성공을 거두었다. 또한 잠시도 지루하지 않도록 하는 예능 특유의 메커니즘이 응답하라 1994의 성공에 큰 기여를 했다.

마지막으로 리얼리티 있는 컨텐츠의 힘이다. 김일성 사망, 삼풍 백화점 붕괴, IMF 금융 위기 등 사회적 사건부터 대학 농구 열풍, 서태지 노래의 악마 소동 등 시대에 대한 구체적 묘사는 시청자에게 큰 공감을 불러일으켰다.

 사례 2.4 특정 시장 집중 전략: 하이트진로 중국 시장 전략

하이트진로가 세계화와 현지화를 동시에 추구하는 글로컬 (Glocal=global+local) 전략을 통해 중국 주류 시장에서 가시적인 성과를 보이고 있다. 하이트진로가 중국 주류 시장에서 지난 2009년부터 2014년까지 6년 동안 두 자릿수 이상의 성장률을 보일 수 있었던 것은 이 글로컬 전략이 통했기 때문으로 분석된다.

최근 한국 드라마의 영향으로 기존에는 없었던 치맥 문화가 중국에 유행처럼 퍼지면서 한국 맥주라는 이미지가 중국 고객들에게 어필하고 있다. 중국의 맥주 시장은 북경, 상해를 중심으로 한 대도시와 중국 북부 지역에 위치한 낮은 기온의 동북 3성, 한국과 인접하여 교민이 많이 거주하고 있는 광둥성 등의 지역에서 선호하는 맥주의 특성이 각기 다르다. 따라서 하이트진로는 철저한 시장 조사를 통해 지역별 현지 상황과 트렌드를 고려한 맞춤형 제품 수출로 중국 시장 강화에 나서고 있다.

　　상해, 북경 지역에는 저도 고급 맥주의 경쟁력이 높아 3.5도의 프리미엄급 맥주인 '골드 프라임'과 2.8도의 저도 맥주인 '아이비 라이트' 등 부드럽고 깔끔한 맛이 특징인 맥주를 주력으로 판매하고 있다.

　　동북 3성을 비롯해 낮은 기온으로 높은 도수의 맥주를 선호하는 지역을 대상으로는 진한 흑맥주 타입의 '다크 프라임'과 강하고 풍부한 맛을 내는 5도의 '하이트 이글' 등을 타겟 상품으로 하고 있다. 또한 교민 및 국내 기업들이 많이 진출한 지역에는 국내 제품과 동일한 하이트, 맥스, 참이슬 등의 브랜드를 중점으로 수출하고 있다. 이와 같은 글로컬 전략을 바탕으로 해마다 성장하고 있는 중국 시장에서 성공 신화를 이어갈 수 있기를 기대해 본다.

벤처 기업 마케팅

03

마 케팅의 아버지라 불리는 Kotler에 따르면 시장이란 특정한 요
구(needs)나 욕구(wants)를 공유하는 모든 잠재 고객들이 자신
들의 요구나 욕구를 만족시키기 위해 교환 행위를 할 수 있는 곳이라
고 정의하고 있다. 같은 물리적 제품이라도 다른 시장에서 경쟁할 수
있고 다른 물리적 제품이라도 같은 시장에서 경쟁할 수 있으므로 물
리적 제품만으로는 시장을 정의할 수 없다.

마케팅이란 시장 판매자 관점에서 보자면 고객과 기업의 목표를 만
족시키기 위해 제품(상품 또는 서비스), 가격, 판매 촉진과 유통을 계
획하고 실행하는 일련의 과정이다. 여기서 제품, 가격, 판매 촉진, 유

그림 3.1 마케팅 프로세스

통을 4P 믹스(4P mix) 혹은 마케팅 믹스(marketing mix)라고 부른다.

마케팅을 구매자 관점에서 보면 고객을 위한 가치를 보유한 산출물이 시장에 존재하고, 이 산출물에 대한 의사소통이 이루어지며, 고객 편의를 위한 장소에서 고객들이 비용을 지불하는 과정으로 설명할 수 있다.

마케팅 프로세스는 그림 3.1과 같이 먼저 고객, 경쟁사, 기업 내/외부 환경 분석을 바탕으로 한 SWOT 분석을 실시한 후 시장 세분화(segmentation) 작업을 수행하고 SWOT 분석 결과를 고려하여 각 세분 시장의 매력도를 평가하며 타겟 고객을 선정(targeting)한다. 그리고 표적 시장 내 소비자들에게 자사 제품의 핵심 혜택과 차별화를 마음 속에 심어 주는 포지셔닝(positioning)을 결정한다. 마지막으로 이 표적 시장에서 전술적 요소인 4P 믹스[제품(product), 유통(place), 가격(price), 판매 촉진(promotion)]를 효과적으로 구현하는 것이 마케팅 전략의 실행이다.

다음 그림 3.2에서 보다시피 마케팅 컨셉은 시대를 거쳐 진화해 왔다. 마케팅 1.0 시대로 분류되는 1950년대에서 1970년대까지는 수요가 공급보다 많아 제품이 주도하는 시기로서 4P 믹스를 어떻게 지휘하는지에 대한 전술적 마케팅이 주요 활동이었다. 하지만 1970년대부터 대량 생산으로 공급이 수요를 초과하는 현상이 도래하여 고객 주도의 마케팅이 요구되는 마케팅 2.0 시대에는 고객 세분화, 표적 시장 선정과 포지셔닝(STP: Segmentation, Targeting, and Positioning), 즉 전략적 마케팅 요소들을 어떻게 도출하는지가 관건이었다. 그리고 21

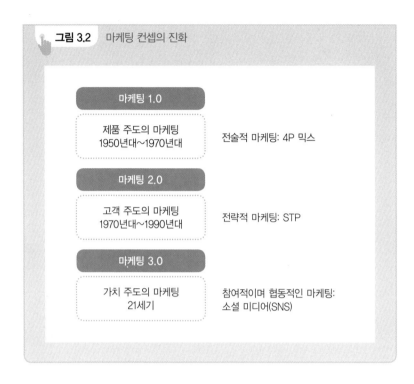

그림 3.2 마케팅 컨셉의 진화

마케팅 1.0

제품 주도의 마케팅
1950년대~1970년대

전술적 마케팅: 4P 믹스

마케팅 2.0

고객 주도의 마케팅
1970년대~1990년대

전략적 마케팅: STP

마케팅 3.0

가치 주도의 마케팅
21세기

참여적이며 협동적인 마케팅:
소셜 미디어(SNS)

세기에 들어서는 기존에 읽기만 가능하던 온라인상의 환경이 읽고 쓰기가 가능한 web 2.0으로 진화하면서 소셜 미디어(SNS) 등을 통해 고객이 기업의 마케팅 활동에 협력하고 참여하는 마케팅 3.0 시대의 문이 열렸다.

이 마케팅 컨셉의 진화를 접한 많은 사람들이 하는 질문이 있다. "현대 사회는 마케팅 3.0의 시대이므로 4P와 STP는 너무 진부하지 않나요?"라는 질문이다. 잊지 말아야 할 중요한 점이 있다. 마케팅 3.0 시대에도 마케팅 1.0 및 마케팅 2.0 시대의 프로세스인 4P 믹스와 STP의 도출이 없는 마케팅 전략은 사상누각이 될 수 있다. 즉, 다시

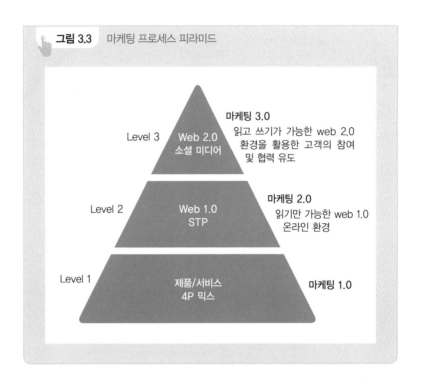

그림 3.3 마케팅 프로세스 피라미드

마케팅 3.0
읽고 쓰기가 가능한 web 2.0 환경을 활용한 고객의 참여 및 협력 유도

Level 3 — Web 2.0 소셜 미디어

마케팅 2.0
읽기만 가능한 web 1.0 온라인 환경

Level 2 — Web 1.0 STP

Level 1 — 제품/서비스 4P 믹스

마케팅 1.0

말해 그림 3.3의 피라미드와 같이 4P와 STP 토대 위에 고객이 참여적
이며 협동적인 활동을 할 수 있는 마케팅 3.0 전략을 쌓아야 하는 것
이다.

시장 세분화

마케팅을 함에 있어서 중요한 철학 중 하나는 원하는 고객에게 원하
는 상품을 원하는 방법으로 제공하는 것이다. 경쟁에서 살아남기 위
해서는 이러한 철학을 효율적으로 실현하는 것이 필요하다. 따라서

비슷한 성향의 고객을 다른 성향의 고객들과 분리하여 하나의 집단으로 묶는 시장 세분화를 통해 각 세분 시장에서 고객의 욕구를 효율적으로 충족 시킴으로써 기업은 경쟁 우위를 확보할 수 있다.

성공적인 시장 세분화를 위해서는 먼저 세분화를 위한 주요 변수를 설정하는 것이 중요하다. 시장 세분화가 실패하는 주요 원인 중 하나가 고객의 의사 결정 과정을 너무 단순하게 생각하여 주요 세분화 변수에 대한 충분한 고려가 없는 것이다. 아래 그림 3.4와 같이 시장 세분화 변수를 크게 세 가지로 구분해 볼 수 있다.

이러한 고객 세분화 변수를 통해 동일 세분 시장 내에서는 동질성이 최대화되어야 하고 다른 시장과는 상호 이질성이 최대화되어야 한다. 또한 각 세분 시장은 충분한 규모의 수익성을 확보할 만한 크기가

그림 3.4 시장 세분화의 주요 변수

표 3.1 애플의 컴퓨터 시장 세분화

시장		컴퓨터 상품				
구분	세분 시장	Mac Pro	MacBook Pro	iMac	MacBook Air	Mac Mini
개인 고객	일반 가정	✔	✔	✔	✔	✔
	재택근무자		✔	✔	✔	
	학생			✔		✔
	교사		✔	✔		
기업 고객	중소기업 및 대기업	✔	✔	✔	✔	
	창작 관련 기업	✔	✔	✔		
	대학 교수		✔	✔	✔	
	대학 행정직			✔		✔

되어야 한다. 세분 시장이 지나치게 작을 경우 원하는 고객의 욕구는 충족시킬 수 있지만 세분화에 따른 비용 대비 효율성이 매우 낮을 수 있다.

애플의 경우 표 3.1과 같이 컴퓨터 시장을 크게 개인 고객과 기업 고객으로 구분하였고 개인 고객 시장은 일반 가정, 재택근무자, 학생, 교사로 세분화하였다. 또한 기업 고객 시장도 중소기업 및 대기업, 창작 관련 기업, 대학 교수 및 대학 행정직으로 분류하였다.

표적 시장 선정

시장 세분화 작업을 마치면 각 세분 시장을 평가하여 어느 시장에 진입하여야 할 지 표적(target) 시장 선정 작업이 뒤따르게 된다. 표적 시장은 단순한 직관에 의해서 결정되는 것이 아니다. 각 세분 시장에 대한 매력도 평가를 통해 하나 이상의 매력적인 세분 시장을 표적 시장으로 선정할 수 있다.

표적 시장 선정을 위한 각 세분 시장의 매력도 평가는 표 3.2의 예시와 같은 요소들을 고려해서 시행할 수 있다.

많은 사람들은 표적 시장이 쉽게 정의되고 정확히 구분되며 도달하기 어렵지 않다고 생각한다. 하지만 실무에서 표적 시장 선정 작업을 하게 되면 시장 세분화 및 표적 시장이 불명확하고 세분 시장 간에 겹

표 3.2 [예시] 세분 시장별 시장 매력도 평가 요소

평가 항목	고려 사항
시장 규모 및 성장성 시장 규모 시장 성장성	시장 잠재력, 현재 시장의 침투 정도 등 시장 성장 추정치, 시장의 포화도 등
시장의 구조적 요소들 경쟁 환경적 요소	진입 장벽, 경쟁자들의 지위 및 보복 전략, 상품의 특허화 가능성 등 경제적, 정치적, 기술적 변화 등
상품과 시장 적합성 적합성 관계 수익성	자사의 강점 및 이미지와의 일관성 여부 등 자사의 기존 상품과 시너지, 이미지 충돌 여부, 잠식 효과 등 진입 비용, 마진 수준, 투자수익률(ROI) 등

치는 부분이 생길 수도 있으며 도출된 표적 시장에 접근이 불가능할 수도 있다. 또한 각각의 세분 시장에 속한 고객들이 시간이 지날수록 진화하기 때문에 세분 시장 및 표적 시장은 절대적이고 정적인 것이 아니라 시대 및 상황에 따라 바뀔 수 있다는 유연한 사고 및 잠재된 세분 시장이 존재하는지에 대한 주기적인 조사도 요구된다.

포지셔닝

포지셔닝(positioning)은 기업이 고객의 욕구와 요구를 충족해서 표적 시장에 있는 고객들의 마음속에 경쟁사와 차별화하여 경쟁 상품/서비스보다 자사의 상품/서비스가 고객의 욕구를 더 잘 충족시킬 수 있다는 생각을 심어 주는 전략이다. 따라서 시장 세분화가 기업의 입장에서 고객을 바라보는 것이라고 한다면 포지셔닝은 고객의 입장에서 기업을 바라보는 것이라고 할 수 있다.

추상적인 개념인 포지셔닝에 대해서 쉽게 이해할 수 있는 팁을 제공하자면 그림 3.5처럼 자사, 자사 상품, 자사 브랜드가 사람이라면 어떻게 생겼을지 상상해 보는 것이다. 예를 들어 페이스북(facebook)이 사람이라면 어떻게 생겼을 것 같고 구글(Google)은 페이스북과 어떻게 다를지 생각해 보는 것이다.

기업에서 선택할 수 있는 포지셔닝 옵션은 다양하다. 예를 들면 경쟁 기업들과는 다른 매우 독특한 상품/서비스를 제공하는 것도 하나의 방법이 될 수 있다. 시장에 있는 경쟁사의 콜라는 모두 검정색인

그림 3.5　소셜 미디어(SNS)의 포지셔닝

데 반해 세상에서 유일한 노란색 콜라 혹은 일곱 가지 무지개색 콜라는 고객들에게 콜라＝검정색이라는 선입견을 깨고 그 독특함으로 확실하게 각인될 수 있을 것이다. 포지셔닝에서 부각할 수 있는 또 다른 요소로는 우월성을 들 수 있다. 경쟁사 혹은 산업 평균보다 월등하게 뛰어난 성능, 가격, 디자인 등을 내세워 고객의 뇌리에서 사라지지 않는 상품/서비스로 자리잡을 수도 있다. 예를 들면 많은 소비자들에게 BMW가 뛰어난 성능을 가진 차로, 비자(Visa) 카드는 전 세계 어디에서나 받는 카드로, 볼보(Volvo)는 매우 안전한 차로 바로 연상이 되는 것이 이 회사들의 핵심 역량을 활용한 포지셔닝이다.

많은 경우 기업의 포지셔닝을 BMW, 비자 카드, 볼보처럼 하나의 단어로 각인하는 것은 쉽지 않다. 따라서 기업들은 이 포지셔닝을 위해 다음의 그림과 같이 산업 내에서 경쟁사 대비 상대적인 위치를 시각화하는 작업을 하는데 이를 포지셔닝 맵(positioning map)이라고 부른다.

그림 3.6은 맥주 시장을 가격이라는 X축을 활용하여 저렴한 맥주 대비 고가의 프리미엄 맥주로, 그리고 포만감이라는 Y축을 활용하여 칼로리가 높은 헤비(heavy) 맥주 대비 라이트(light) 맥주로 상대적인 위치를 시각화한 포지셔닝 맵이다.

그림 3.6 맥주 시장 포지셔닝 맵

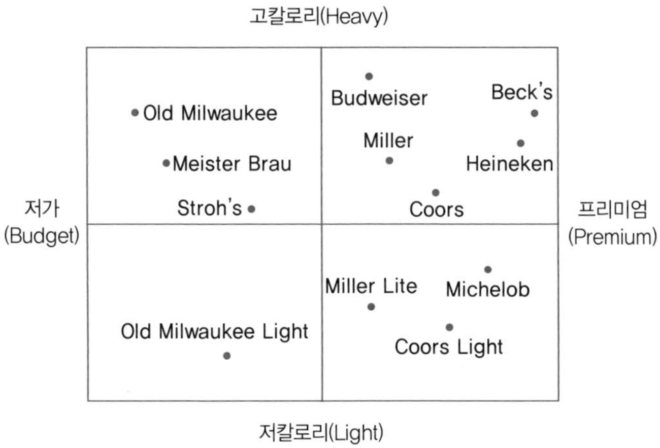

고칼로리(Heavy)

Old Milwaukee

Meister Brau

Stroh's

Budweiser Beck's

Miller

Heineken

Coors

저가
(Budget)

프리미엄
(Premium)

Miller Lite Michelob

Coors Light

Old Milwaukee Light

저칼로리(Light)

국민 게임으로서 2014년 올해의 게임으로도 선정된 '애니팡'을 마케팅 4P 믹스[제품(Product), 유통(Place), 판매 촉진(Promotion), 가격(Price)]라는 프레임워크(framework)를 활용하여 분석해 보자.

첫째, 제품인 게임의 종류와 규칙을 살펴보자. 애니팡은 동일한 동물 얼굴 3개를 가로나 세로로 배열하는 매우 단순한 게임이다. 카트라이더 같은 게임처럼 다른 사람과 동시에 대결하는 게임이 아니다.

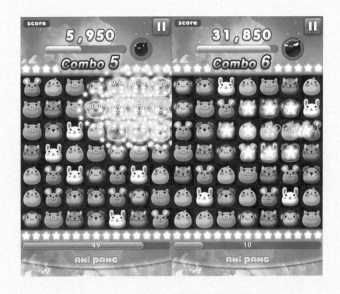

둘째, 애니팡은 국내 스마트폰 사용자 대부분이 다운을 받아 쓰는 카카오톡이라는 **유통** 채널을 통해 제공된다. 단순한 동물 얼굴 맞추기 게임이 카카오톡과 결합하면서 소셜 모바일 게임 애니팡 붐이 일게 된 것이다.

셋째, 애니팡은 카카오톡 친구라는 고객들에게 다양한 판매 촉진 수단을 통해 어필하고 있다. '초대' 기능을 통해 카카오톡 친구들에게 애니팡을 소개하게 하고 이에 대한 보상으로 게임 1회 사용권인 '하트'를 제공한다. 이 하트는 애니팡을 제작한 선데이 토즈나 이 게임의 유통 채널인 카카오톡이 아니라 게임을 즐기는 소비자가 게임을 홍보하는 역할을 하게 한다.

이 하트는 무엇보다 애니팡의 4P 전략에 있어서 중추적인 역할을 한다. 앞서 설명한 제품인 게임 규칙부터 유통, 판매 촉진을 비롯하여 가격까지 연결해 주는 중요한 기능을 한다. 제작사 선데이토즈는 '토파즈'라는 아이템 판매를 통해 월 100억 원에 육박하는 매출을 일으키고 있는데 하트는 이 토파즈 판매와 연결된다. 토파즈는 10개당 1,100원인데 토파즈 1개는 1회 게임 사용권인 하트 5개와 교환할 수 있다. 하트를 얻기 위해서는 다음 게임까지 8분을 기다리거나 친구에게 하트를 선물하거나 친구를 초대하는 등의 방법도 있지만 이를 기다리지 못하는 많은 수의 소비자들은 토파즈를 구매한다.

제품 수명 주기와 BCG 매트릭스

마케팅에서는 신제품이 시판된 후의 진화 과정을 설명 및 분석하기 위해 '제품 수명 주기(PLC: Product Life Cycle)'라는 개념을 사용한다. 제품 수명 주기는 제품이 시장에 진입하는 도입기, 판매가 급성장하는 성장기, 매출액은 높지만 매출 성장률이 서서히 둔화되기 시작하는 성숙기, 판매량이 본격적으로 줄어드는 쇠퇴기의 4단계로 구분될 수 있다.

이 4단계는 기업 혹은 상품의 나이가 아니라는 점에 주의하여야 한다. 이제 막 창업한 벤처 기업이 경쟁사가 없는 신규 시장에 진입할 경우 도입기에서 시작을 하게 되지만 창업한 지 3개월 된 벤처 기업이라도 기존에 다른 기업들이 존재하는 시장에 진입하는 경우에는 성숙기나 쇠퇴기에서 시작할 수 있다. 따라서 제품 수명 주기의 각 단계별로 기업 실적이나 전략이 달라질 수 있기 때문에 벤처 기업의 경우 창업 시 자사의 상품이 제품 수명 주기상 어떤 단계에 해당하는지에 대한 평가가 미리 필요하다.

각 단계를 살펴보자. 도입기에는 산업 내에서 단일 상품 내지는 소수의 상품이 존재하기 때문에 경쟁이 심하지 않다. 하지만 판매량도 많지 않고 제품 연구 개발 비용 등으로 손익분기점을 넘어서는 것이 쉽지 않다. 이 단계에서는 소비자들이 자사 제품을 인지하고 경험해 보도록 하는 것이 마케팅의 목표가 된다. 따라서 소비자들에게 제품 자체를 알리는 노력이 필요하다.

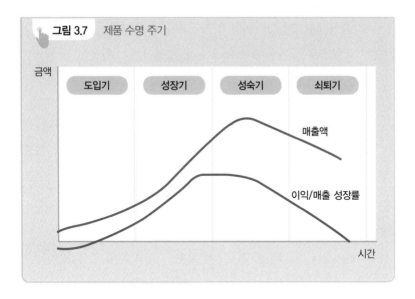

그림 3.7　제품 수명 주기

금액

| 도입기 | 성장기 | 성숙기 | 쇠퇴기 |

매출액

이익/매출 성장률

시간

　성장기에는 급속한 판매 성장과 함께 매력적인 시장으로 부상함에 따라 산업 내 경쟁자 수가 늘어나게 된다. 도입기에 특별한 차별화 전략이 필요 없었던 것과 달리 성장기에는 경쟁사 제품과 차별화하여 시장 점유율을 증대시키는 것이 마케팅의 목표가 된다. 또한 이러한 목표 달성을 위해 앞서 설명한 시장 세분화가 필요하다.

　성숙기에는 매출 성장률이 둔화하게 되므로 시장에서의 경쟁이 더욱 치열해진다. 따라서 마케팅의 목표는 보다 정교한 시장세분화 (micro segmentation 또는 sub-segmentation)를 통해 치밀하게 시장에 침투하여 성장기에 확보한 시장 점유율을 유지하는 것이다.

　마지막으로 쇠퇴기는 산업 내 매출과 이익이 감소하는 시기이다. 흥망성쇠라는 세상의 이치처럼 한때 잘나가던 상품도 언젠가는 이 쇠퇴기를 맞이하게 된다. 이처럼 상품이 쇠퇴기를 맞이하게 된다면 그 기업도 쇠퇴하는 상품과 함께 역사 속으로 사라지게 될까?

기업에서는 이러한 문제를 해결하기 위해 하나의 사업 영역에서 각각 다른 제품 수명 주기에 있는 상품들을 판매/관리하거나 여러 가지 사업 영역을 통해 매출과 이익 수준을 관리하기도 한다. 이를 포트폴리오 관리라고 부르는데 이러한 포트폴리오 관리를 보다 체계적으로 하기 위해서 BCG 매트릭스라는 분석 도구를 사용한다.

BCG 매트릭스는 세계적인 컨설팅 회사인 보스턴 컨설팅 그룹 (BCG: Boston Consulting Group)이 처음 경영 자문에 사용하기 시작해 이제는 모든 경영학 교과서에 실리게 된 분석 도구이다. 그림 3.8에서 보는 것과 같이 BCG 매트릭스에서는 주어진 사업이나 제품의 미래 성장률과 현재의 시장 점유율을 두 축으로 선정하게 되고 이 두 축의 값이 높고 낮음에 따라서 물음표(question mark), 스타(star), 캐시카우(cash cow), 개(dog)의 4개 그룹으로 나눌 수 있다.

'물음표'는 아직 태동기에 있어 시장 점유율은 낮으나 성장 가능성만 있는 단계로 창업 초기의 벤처 기업이나 신규 사업팀, 기획 단계의 상품들이 여기에 해당한다. 물음표 단계에 있는 사업은 본격적으로 집중을 할 것인지 포기를 할 것인지에 대한 판단이 필요하다. '스타' 영역에 있는 사업은 성장률도 대단히 높고 시장 점유율도 높기 때문에 지속적인 투자 전략이 필요하다. 반면 '캐시카우'는 성장률은 높지 않지만 아직은 시장 점유율이 높은 사업으로서 기업은 투자를 줄이고 현금은 거두어 들이는 수확 전략을 쓰게 된다. 마지막으로 '개'는 성

그림 3.8 BCG 매트릭스

장도 없고 시장 점유율도 낮은 사업이며 손익분기점에도 미치지 못해 손해를 보는 경우가 많아 철수 전략의 대상이 된다.

강문영 교수의 청춘 마케팅(2)

제품 수명 주기

강문영 교수님, 안녕하세요.

청년 실업이 심각해지고 자연히 좋은 직장에 들어간 청춘들은 주변

의 부러운 시선을 받습니다.

그런데 이 같은 '행운아' 중에 저축은 생각하지 않고 평소 가지고 싶

었던 것부터 사들이는 이들이 예상 외로 많습니다.

이들은 자신의 소득이 앞으로도 계속 올라가고 안정적으로 지급될

거라 생각하는 듯합니다.

인간 수명 100세 시대가 눈앞에 있는 지금, 그렇게 느긋하게 청춘

기를 보내도 될까요?

강 교수가 대학생이던 1997년, 우리나라는 IMF 구제 금융을 신
청하는 사태 이후 '고3 때까지만 열심히 공부하고 대학에서는 낭
만을 즐기며 공부하면 된다'는 세태가 변하여 대학생들은 졸업
하는 순간까지 학점 관리와 스펙 쌓기에 전력을 다해야 하는 분
위기가 되었습니다. 환경이 각박해졌기 때문일까요. 젊은이들에
게 미래를 생각할 여유가 없어진 듯합니다. 그런데 놀랍게도 그

영향이 부정적으로 나타나는 듯합니다. 저축으로 미래에 대비하기보다는 현재의 자신을 위해 돈을 쓰고 보자는 분위기가 생긴 것이지요.

강 교수의 지인 중 대기업 10년차 직원이 있습니다. 이 지인에 따르면 요즘 신입 사원들이 받는 초임 연봉이 자신의 연봉과 큰 차이가 나지 않는답니다. 기업들이 좋은 인재를 확보하기 위해 초봉을 높이는 대신 입사 이후엔 연봉이 조금씩만 오르도록 급여 체계를 바꾼 탓입니다. 그런데 강 교수의 지인은 "젊은 사원들이 첫 월급을 받아 호기롭게 외제차를 할부로 장만하거나 명품백을 사는 경우가 많다."며 안타까워합니다.

이런 소비 행태의 바탕에는 연봉이 매년 상당히 오르거나 안정적으로 지급될 거라는 막연한 기대 심리가 깔려 있습니다. 하지만 실제 연봉 인상률은 그리 높지 않습니다. 게다가 요즘 직장은 예전에 비해 안정성이 매우 떨어집니다.

따라서 직장 초년생들은 우선 스스로가 처한 현실을 냉정하고 객관적으로 바라볼 필요가 있습니다. 이때 도움이 되는 것이 '제품 수명 주기'란 마케팅 용어입니다. 모든 제품에는 '수명'이 있다는 점을 지적하고 이를 네 단계로 나누어 설명함으로써 보다 효과적인 경영 전략을 세우게 해 주는 개념입니다. 제품 수명 주기를 우리 자신에게 적용해 보면 흥미로운 사실들을 발견할 수 있습니다.

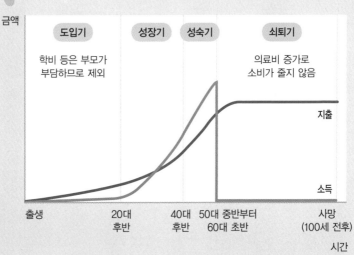

금액

| 도입기 | 성장기 | 성숙기 | 쇠퇴기 |

학비 등은 부모가
부담하므로 제외

의료비 증가로
소비가 줄지 않음

지출

소득

출생　　　20대　　　40대　50대 중반부터　　　사망
　　　　　후반　　　후반　60대 초반　　　(100세 전후)

시간

　　인생에서 우리는 태어나 교육을 받고 취업 준비를 하는 '도입기'를 거쳐 신입 사원으로 열심히 일하며 돈을 벌기 시작하는 '성장기'를 지나 회사에서 간부 내지는 임원으로 자리를 잡고 안정적인 수입을 올리는 '성숙기'에 이르게 됩니다. 정년 퇴직 이후는 '쇠퇴기'라고 볼 수 있지요.

　　문제는 돈을 한창 버는 성장기와 성숙기를 다 합쳐도 고작 30년 정도밖에 안 된다는 것이지요. 반면 연금 이외의 소득은 없고 지출만 많은 쇠퇴기는 50년 가까이나 됩니다. 30년 동안 돈을 벌어서 이어지는 50년의 쇠퇴기를 대비해야 한다는 것입니다. 특히 지금의 청춘들이 쇠퇴기를 맞이했을 때는 자식이 부모를 부양하는 경우가 거의 없을 겁니다. 이를 염두에 두고 보면 젊은 시절부터 자산을 축적해야 하는 이유를 절실히 느낄 수 있습니다.

제품의 흥망성쇠를 설명하는 제품 수명 주기를 우리들의 인생에 적용한 것이 '인생 수명 주기'인데 제품 수명 주기와 결정적으로 다른 부분은 우선 황금기인 성장기와 성숙기가 매우 짧다는 것, 그리고 성숙기 이후에는 연금을 제외한 수입이 거의 없어진다는 것입니다. 특히 현대 사회에서는 쇠퇴기가 무척 길다는 사실을 명확히 알고 대비할 필요가 있습니다.

강문영 교수님께

교수님, 안녕하세요.

봄바람이 살랑살랑 불어와서 제 마음도 봄바람처럼 흔들리고 있습니다.

현재 다니고 있는 A라는 회사는 탄탄하고 미래가 어느 정도 보장되어 있는 곳입니다.

하지만 최근 들어 어렸을 때부터 제가 꿈꿔 왔던 공연 쪽 일에 대한 미련을 버릴 수가 없습니다.

길다면 길지만 한 번뿐인 인생인데요.

안정적인 A회사에 계속 다녀야 할지, 아니면 평생의 꿈인 공연 쪽 일을 시작해야 할지 답을 찾지 못해 매일 밤을 하얗게 새고 있습니다.

한국 고용 정보원의 고용 패널 브리프 2014년 12월호에 따르면 고용 정보원이 신규 취업한 청년을 추적 조사한 결과 취업 이후 3년간 첫 직장을 유지한 청년은 전체의 36.9%이고 나머지 63.1%는 이직이나 실직을 경험한 것으로 나타나 청년층의 노동

시장 진입 후 초기 이동이 빈번한 것을 알 수 있습니다.

이런 세태를 반영하듯 강 교수에게는 학생이나 새내기 직장인들의 진로 상담 요청이 종종 들어옵니다. 대부분 "제가 하던 일을 계속해야 할까요, 다른 길을 모색하는 것이 나을까요?" 같은 질문입니다. 이 고민을 해결하는 데 활용할 수 있는 경영 기법을 소개합니다.

기업들도 비슷한 고민을 합니다. 지금 우리 회사가 가고 있는

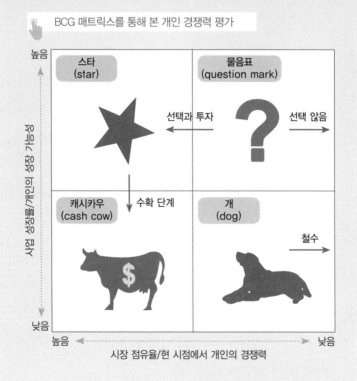

BCG 매트릭스를 통해 본 개인 경쟁력 평가

길이 과연 옳은가, 새로운 사업 분야에 진출하는 것이 더 낫지 않겠는가 하는 것을 항상 생각합니다. 여러 사업 분야를 가지고 있는 대기업들은 고민의 정도가 더 크겠지요. 이런 문제를 해결하기 위해 기업들은 자신들의 여러 가지 사업 영역(포트폴리오) 또는 앞으로 진출을 고려하고 있는 분야를 평가하는 다양한 분석 도구를 사용합니다. 가장 대표적인 것이 'BCG 매트릭스'이지요.

BCG 매트릭스에서 '물음표'는 아직 태동기에 있어 성장 가능성만 있는 단계를 뜻합니다. 벤처 기업이나 신규 사업팀, 기획 단계의 상품들이 여기에 해당합니다. 물음표 단계에 있는 사업은 조만간 본격적인 실행에 들어갈 것인지, 포기할 것인지를 판단해야 합니다. '스타' 영역에 있는 사업은 성장률도 대단히 높고 시장 점유율도 높습니다. 이런 사업에서는 투자를 통한 스타 지위 유지 전략을 써야 합니다. '캐시카우'는 성장률은 둔화되고 있지만 아직은 시장 점유율이 높은 사업을 뜻합니다. 기업은 투자를 줄이는 수확 전략을 쓰게 됩니다. 마지막으로 '개'는 성장도 없고 시장 점유율도 낮은 사업입니다. 손해를 보는 경우가 많아 철수 전략의 대상이 됩니다.

당신이 현재 몸담고 있는 분야 또는 부서를 매트릭스에 넣어 보세요. 그러면 그 분야가 5~10년 후에 어떤 위치에 있을지 감이 잡힐 겁니다. 따라서 직장을 떠나야 할지 말아야 할지 판단하는 데도 도움이 될 것입니다.

매트릭스에 사람을 넣어 볼 수도 있습니다. 신입 사원은 물음표, 높은 평가를 받고 있고 다른 사람으로 대체하기 어려운 인물은 스타, 직위가 높지만 승진이나 수입 측면에서 성장의 한계가 보이는 사람은 캐시카우에 해당하겠지요.

처음 간 회사에서 물음표였다가 선택되지 않는 경우에는 빨리 진로를 바꾸는 것이 본인에게 좋습니다. 사회 새내기인데 자신이 스타로 키워낼 수 없는 능력을 회사나 업계가 요구하는 경우에도 진로 변경을 고려해야 합니다. 마지막으로 이미 사회 생활 경험이 있는 경우에는 현재 스스로가 BCG 매트릭스의 어느 위치에 있는지 평가할 것을 권합니다. 정년이 많이 남았는데 벌써 캐시카우나 개의 위치에 있다면 미래를 위한 준비가 필요합니다.

자신의 다양한 능력을 BCG 매트릭스 위에 올려놓아 보십시오. 핵심 능력이 캐시카우의 위치에 있나요? 조만간 개의 위치로 갈 것 같으면 빨리 물음표의 소질들 중 스타로 자랄 만한 것을 골라 투자하기 시작해야 합니다. 이렇듯 BCG 매트릭스를 사용하면 자신의 능력 포트폴리오를 관리하는 데에 큰 도움을 받을 수 있습니다.

벤처 기업을 위한
재무제표 분석

04

재무제표는 재무상태표, 손익계산서와 현금흐름표로 구성된다. 재무제표는 기업이 어떤 자산을 활용하여 어떻게 수익을 창출하고 있는지, 자산을 구입한 자금은 어떻게 조달하였는지 등 기업 경영상의 주요 문제들에 대한 정보를 제공해 준다. 또한 재무제표의 구체적인 항목들은 산업의 특성에 따라 조금씩 달라지기는 하지만 서로 비슷한 형식으로 작성되기 때문에 서로 다른 기업 간의 비교를 가능하게 한다. 따라서 경영진과 주주 및 외부 투자자들은 기업의 현 경영 상태를 재무제표의 분석을 통해 파악한다. 2002년 미국의 엔론(Enron)과 월드컴(WorldCom) 사태에서 극명하게 나타났듯이 재무제표를 통해 제공하는 기업 정보가 왜곡될 경우 금융 시장에서 형성되는 기업 가치도 함께 왜곡되고 이는 투자자들의 손해로 연결된다.

재무상태표

재무상태표는 어느 한 시점에 기업의 자산과 그 자산에 대한 자금 조달 방법에 의해 결정된 소유권을 보여주는 스냅샷이다. 따라서 재무상태표에는 반드시 어느 시점에 작성되었는지가 표시되며 보통 분기 말 또는 회계 연도 말 등에 주기적으로 작성된다. 표 4.1은 XYZ(주)의 2013년도 기말의 재무상태표이다.

재무상태표는 대차대조표라고도 부르는데 이 명칭은 자산은 왼쪽인 차변에 표시가 되고 소유권은 오른쪽인 대변에 표시가 됨에 따른 것이다. 자산은 크게 구분했을 때 채권자 또는 주주에게 귀속되며 소유권 없이 존재하는 자산이란 없다. 달리 표현하자면 모든 자산은 반드시 채권자로부터 빌린 부채 또는 주주가 납입한 자본으로 매입한다. 이를 회계의 기초가 되는 다음의 회계 등식으로 표현할 수 있다.

$$자산 = 부채 + 자본$$

표 4.1의 재무상태표에서 XYZ(주)의 자산은 1억 5,000만 원, 부채

표 4.1 재무상태표

XYZ(주) 재무상태표 (2013년 말 현재)		(단위: 만원)		
자산:		**부채:**		
현금및현금성자산	800	매입채무		1,200
매출채권	1,500	단기차입금		800
재고자산	1,200	총유동부채		2,000
총유동자산	3,500			
		장기차입금		3,000
		부채총계		5,000
		자본:		
		자본금		2,500
		자본잉여금		6,000
		이익잉여금		1,500
순고정자산	11,500	자본총계		10,000
자산총계	15,000	부채와 자본총계		15,000

는 5,000만 원, 자본은 1억 원으로 위의 등식이 성립한다. 기업의 자산은 기업이 영업 활동을 할 때 투입되는 요소들로 현금, 단기금융상품, 재고자산, 외상매출금인 매출채권, 토지, 건물, 설비 등을 포함한다. 부채는 외상매입금인 매입채무와 채권자에게서 차입한 금액을 포함한다. 회계 등식에 의거하여 주주의 몫인 자본은 자산에서 부채를 뺀 나머지 금액이 된다.

재무상태표를 보면 회사가 어느 자산에 얼마를 투자하고 있는지 회사의 규모와 투자처를 알 수 있다. 또한 투자된 금액 중 얼마가 채권자로부터 차입되었고 얼마가 주주로부터 조달되었는지를 알 수 있으며 부채의 규모가 적정한지 판단할 수 있다. 그리고 여러 기간에 걸쳐한 기업의 재무상태표를 비교해 봄으로써 그 전과 대비하여 그 기업의 규모가 얼마나 성장하였는지, 부채 비율은 적정한지와 같은 기업의 경영 성과를 파악할 수 있다.

자산

재무상태표에서 자산은 왼쪽에 유동성이 높은 자산에서 낮은 자산의 순으로 나열한다. 유동성은 자산이 얼마나 빠르게 원래 가치로 현금화될 수 있는지를 나타낸다. 자산은 크게 유동성이 높은 유동자산과 유동성이 낮은 고정자산으로 나눌 수 있다. 유동자산과 고정자산을 나누는 기준은 1년 안에 현금화가 가능한지의 여부이다. 유동자산에는 현금및현금성자산, 매출채권, 재고자산 등이 포함된다. 고정자산에는 대표적으로 토지, 건물, 설비와 같은 유형자산과 영업권이나 특허권과 같은 무형자산이 있다. 표 4.1에서 XYZ(주)의 유동자산은 3,500만 원이고 고정자산은 1억 1,500만 원이다.

토지를 제외한 건물이나 설비 등의 다른 고정자산들은 시간이 지남에 따라 유지 및 보수를 위한 비용이 들며 차차 그 가치가 떨어지게 된다. 이러한 가치의 하락을 자산에 대한 비용으로 보아 감가상각비라고 부르며 감가상각누계액으로 매기마다 발생한 감가상각비를 누적 합산하여 고정자산 취득 당시의 가치에서 차감한다. 이 차감된 가치가 고정자산의 장부상 현재가치가 된다.

기업의 영업권이나 특허권 같은 무형자산은 보통 다른 기업의 인수 합병 과정에서 발생하는데 어떤 기업을 인수할 때 공정시장가액 이상으로 매입하였을 경우 그 차액을 영업권으로 표시하여 자산에 기록하게 된다.

마지막으로 유동자산과 고정자산의 합계를 자산 총계라고 한다. 표 4.1에서 XYZ(주)의 자산총계는 1억 5,000만 원이다.

부채와 자본

재무상태표의 오른쪽 대변은 왼쪽 차변에 기록된 자산의 소유권을 자산의 청산 순서에 따라 부채를 먼저, 그 다음 자본을 기록한다. 기업의 자산은 우선적으로 채권자의 몫으로 채무를 갚는 데 쓰이며 채무를 갚은 후 남는 것들은 모두 주주의 몫이 되어 자본에 귀속된다. 예를 들어 표 4.1의 XYZ(주)와 같이 기업의 채무가 5,000만 원이 있을 경우 기업 자산의 가치가 5,000만 원이 될 때까지는 기업 청산 시 모든 자산이 채권자에게 귀속되며 주주의 몫인 자본은 0원이 된다. 그러나 기업 자산의 가치가 5,000만 원을 초과하게 되면 기업 자산의 가치에 상관없이 부채의 가치는 계속 5,000만 원이 되고 채무 5,000만 원을 제한 나머지는 모두 주주에게 귀속되어 자본의 가치는 (기업 자산의 가치−5,000만 원)이 된다. 그림 4.1은 XYZ(주)의 예에서 기업 자산의 가치가 증가함에 따라 부채 및 자본의 가치가 어떻게 변하는 지를 그래프를 통해 보여 준다.

정상적으로 운영되는 성숙 기업의 자산 가치는 대부분 부채보다 충분히 크다. 이러한 경우 기업이 영업활동을 통해 이익을 창출하여 자산을 증가시키면 그 증가분은 주주의 몫으로 주주에게 귀속된다. 반

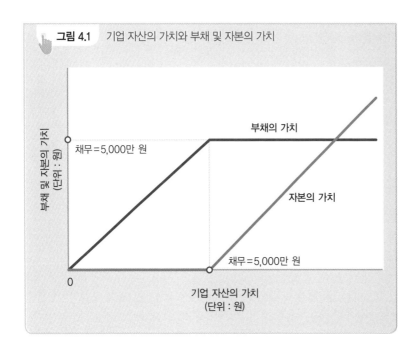

그림 4.1 기업 자산의 가치와 부채 및 자본의 가치

면에 영업활동에서 손해가 발생하여 자산이 감소할 경우 손실 역시 주주에게 귀속된다. 자본의 이러한 속성 때문에 자본을 잔여청구권(residual claim)이라고 한다.

부채 중에서는 1년 이내에 채권자에게 상환해야 하는 유동부채가 제일 먼저 기록된다. 유동부채에는 단기차입금, 매입채무, 미지급비용, 장기차입금 중 1년 내 만기가 도래하는 부분이 포함된다. 유동자산과 유동부채의 차이를 순운전자본이라고 한다.

순운전자본＝유동자산－유동부채

순운전자본은 기업의 단기적 영업활동에 소요되는 자금을 보여 주며 영업의 규모가 커질수록 순운전자본은 함께 커지고 폐업할 때는 회수된다.

고정부채로는 회사채, 장기차입금, 장기성 매입채무가 있다.

표 4.1의 XYZ(주)의 경우 유동부채는 2,000만 원, 고정부채는 3,000만 원으로 부채총계는 5,000만 원이다.

총자산에서 부채를 제한 나머지는 자본이다. 표 4.1의 XYZ(주)의 경우 자본총계는 1억 원으로 이는 자산총계 1억 5,000만 원에서 부채총계 5,000만 원을 제한 금액과 일치한다. 자본은 크게 기업이 주식을 발행하여 조달한 납입자본금[1]과 기업의 영업활동으로 축적되고 배당

---

1 납입자본금은 발행 주식의 액면가 기준 자본금(액면가×발행 주식 수)과 실제 조달한 금액과 액면가 기준 자본금의 차이인 자본잉여금{(발행가－액면가)×발행 주식 수}의 합이다.

되지 않은 순이익인 이익잉여금으로 구성된다.

표 4.1에서 XYZ(주)의 자본금은 2,500만 원이다. 주식 발행 당시 액면가가 500원이었다고 가정하면 발행 주식 수는 5만 주이다. 주식 발행 당시 주식은 주당 1,700원으로 발행되어 실제 조달한 금액은 8,500만 원이었다. 이 중 실제 조달한 금액(8,500만 원)과 자본금(2,500만 원)의 차액 6,000만 원{(1,700원－500원)×5만 주}은 자본잉여금으로 인식하였다. XYZ(주)가 그동안 배당하지 않고 누적한 순이익인 이익잉여금은 1,500만 원이다.

손익계산서

손익계산서를 살펴봄으로써 어느 특정 기간 동안의 기업의 성과를 살펴볼 수 있다. 손익계산서는 기업이 어느 기간 동안 수익을 발생시키기 위해 얼마나 많은 비용을 지출하였는지를 보여 주며 그 결과 기업이 이익을 창출하고 있는지의 여부를 알 수 있다. 손익계산서의 중요 공식은 다음과 같다.

수익－비용＝순이익(또는 순손실)

표 4.2는 2013년 동안 발생한 수익과 비용을 기록한 XYZ(주)의 손익계산서이다.

표 4.2 손익계산서

XYZ(주) 2013년 손익계산서	(단위: 만 원)
매출액	23,000
매출원가	14,950
매출총이익	8,050
판매비	5,200
감가상각비	1,300
영업이익(EBIT)	1,550
이자비용	240
법인세비용차감전순이익(EBT)	1,310
법인세비용	460
당기순이익(NI: Net Income)	850
[주당순이익(EPS: Earnings per Share) 170원]	
배당	300
유보이익	550

　　손익계산서는 기업의 주된 영업활동과 관련된 수익과 비용을 제일 먼저 보여 주고 그 다음 금융활동과 관련한 수익과 비용을, 마지막으로는 세금을 기록한다. 이러한 순서에 따라서 기업이 제품이나 서비스를 판매하여 생긴 매출액은 손익계산서의 제일 위에 위치한다. 표 4.2에서 2013년에 발생한 기업 XYZ(주)의 매출액은 2억 3,000만 원이다. 그 다음에는 매출을 발생시키기 위해 소요된 매출원가와 각종 비용이 기록된다. 제품의 원자재비에 해당하는 매출원가와 판매

비, 임금과 소요된 고정자산의 감가상각비 등과 같은 관리비가 여기에 해당하며 매출액에서 영업 관련 비용을 차감하면 영업이익(EBIT: Earnings before Interest and Tax, 또는 이자 및 법인세비용차감전순이익)이 된다. 표 4.2에서 기업 XYZ(주)의 매출원가는 1억 4,950만 원이며 매출액에서 매출원가를 차감한 매출총이익은 8,050만 원이다. 매출총이익에서 판매비 5,200만 원과 감가상각비 1,300만 원을 차감한 영업이익은 1,550만 원이다.

감가상각비는 직접적인 현금 유출이 있는 항목은 아니지만 고정자산의 수명을 고려하여 차차 손실되어가는 고정자산의 가치를 반영하고 있다. 여기에는 고정자산의 유지 보수나 대체에 필요한 비용을 미리 설정해 놓으려는 의도가 있다.

영업이익에서 기업이 투자로 얻은 이자수익이 있으면 이자수익을 더하고 차입에 대한 이자비용을 차감하여 법인세비용차감전순이익(EBT: Earnings before Tax)를 구한다. 기업 XYZ(주)는 2013년도에 이자비용으로 240만 원을 지급하였고 영업이익에서 이자비용을 차감한 법인세비용차감전순이익은 1,310만 원이다.

마지막으로 법인세비용차감전순이익에서 법인세비용을 차감하면 당기순이익(NI: Net Income)을 얻는다. 손익계산서의 가장 마지막 항목은 당기순이익이다. 당기순이익은 한 주당 순이익으로 표시하여 주당순이익(EPS: Earnings per Share)으로 표시하기도 한다. XYZ(주)의 경우 법인세비용은 460만 원이 발생하였고, 법인세비용차감전순이익에서 법인세비용을 차감한 당기순이익은 850만 원이다. XYZ(주)의 발행 주식 수는 5만 주이므로 주당순이익은 170원이다. 당기순이익의 일부는 배당금으로 사용되고 나머지는 유보되어 재무상태표의 이익잉여금에 더해진다. XYZ(주)의 경우 2013년에 발생한 당기순이익 850만 원 중 300만 원은 배당하였고 550만 원은 유보하였다.

손익계산서 역시 재무상태표를 분석할 때와 마찬가지로 다기간의 손익계산서를 비교해 봄으로써 회사의 경영 상태를 평가할 수 있다. 매출액의 성장률과 각종 비용의 크기 그리고 순이익의 규모를 비교해 봄으로써 기업의 성과를 측정할 수 있다.

현금흐름표

현금흐름표는 어느 특정 기간 동안 재무상태표상의 현금및현금성자산 항목의 변화분을 설명해 준다. 이는 회계상의 현금으로 기업이 실제로 보유하고 있는 현금 보유고나 기업의 가치 평가에 쓰이는 현금흐름과는 다소 차이가 있어 활용에 주의를 요한다.

표 4.3은 XYZ(주)의 2013년 기초와 기말의 현금 잔액 차이를 설명해 주는 현금흐름표이다. 표 4.3에서 보듯이 현금흐름표는 기업이 어느 항목에서 현금의 유입이 있었고 어느 항목에서 현금의 지출이 발생하였는지를 크게 기업의 영업활동, 투자활동, 재무활동에 의한 현금흐름으로 나누어 순차적으로 기록한다. 그리고 이러한 활동에 의한 현금의 증감액을 기초의 재무상태표상의 현금및현금성자산 금액과 합산하여 기말(즉, 다음 기초) 재무상태표상의 현금및현금성자산 금액이 얼마가 되는지를 알려 준다. 현금의 유입은 플러스(+)로 현금

표 4.3 현금흐름표

XYZ(주)	
2013년 현금흐름표	(단위: 만 원)
영업활동으로 인한 현금흐름	
당기순이익	850
영업활동으로 인한 자산, 부채의 변동	
현금의 유출이 없는 비용의 가산: 감가상각비	1,300
매출채권의 증가	− 1,000
재고자산의 감소	60
매입채무의 감소	− 110
영업활동에 의한 순현금흐름	1,100
투자활동에 의한 현금흐름	
고정자산의 매입	− 200
투자활동에 의한 순현금흐름	− 200
재무활동으로 인한 현금흐름	
장기차입금의 상환	−210
배당금의 지급	−300
재무활동에 의한 순현금흐름	−510
현금의 증감	390
기초의 현금	410
기말의 현금	800

의 유출은 마이너스(−)로 표기한다. 성숙 기업의 경우에도 현금흐름표는 다음 기 예산 작성에 참고가 되는 유용한 자료이지만 자금 압박에 시달리는 벤처 기업의 경우 현금흐름표의 의미는 그 이상이다. 현금흐름표는 기업이 매출채권을 얼마나 효과적으로 현금화할 수 있는지를 보여 주며 이는 기업의 지불 능력과 직결된다.

먼저 영업활동에서 발생한 현금흐름의 시작은 손익계산서의 제일 하단에 위치한 당기순이익이다. 어떤 기간에 이익이나 손실이 발생하더라도 현금의 유출입이 없으면 현금흐름표에는 반영되지 않는다. 따라서 현금흐름표는 이 당기순이익을 몇 단계에 거쳐서 현금 기준으로 전환하게 된다. 우선 손익계산서에서 비용으로 잡혔지만 현금의 유출이 없는 비현금 항목을 더해 주고 손익계산서상에서 수익으로 잡혔지만 현금의 유입이 없는 비현금 항목은 차감한다. 표 4.3에서 XYZ(주)의 경우 당기순이익 850만 원과 손익계산서에서 비용으로 잡혔지만 현금의 유출이 없는 비현금 항목인 감가상각비 1,300만 원을 더해 주었다. 다음으로 현금및현금성자산을 제외한 영업활동으로 인한 자산과 부채의 변동에 따른 현금의 유출입을 더한다. 기업은 현금을 지급하고 자산을 매입하므로 자산의 증가는 현금의 유출을 의미한다. 채권을 발행하면 현금이 유입이 되므로 부채의 증가는 현금의 유입을 의미한다. 반대로 자산을 매각할 경우 현금이 유입되므로 자산의 감소는 현금의 유입을 의미한다. 기업은 채권자에게 현금을 지급하고 부채를 상환하므로 부채의 감소는 현금의 유출을 의미한다. 따라서 영업활동으로 인한 자산과 부채의 변동 중 매출채권의 감소, 재고자산의 감소와 매입채무의 증가는 현금의 유입이므로 더해 주고 매출채권의 증가, 재고자산의 증가와 매입채무의 감소는 현금의 유출이므로 차감한다. XYZ(주)의 경우 매출채권은 1,000만 원 증가하였으므로 차감해 주고 재고자산의 경우 60만 원 감소하였으므로 더해 주며 매입채무의 경우 110만 원 감소하였으므로 차감해 주었다. 당기순이익에서 시작하여 이 모든 조정을 거친 XYZ(주)의 영업활동에 의한 순현금흐름은 1,100만 원이다.

그 다음은 고정자산의 매입과 매각으로 인한 투자활동에 따른 현금흐름이다. 고정자산을 매입하면 현금의 유출이 있고 고정자산을 매각하면 현금의 유입이 있다. XYZ(주)의 경우 2013년 고정자산을 매입하여 200만 원의 현금 유출이 있었다.

마지막으로 재무활동에 따른 현금흐름의 경우 회사가 금융 자산에 투자를 하거나 투자자들에게 현금을 돌려주는 경우 현금의 유출이 있고 금융 시장을 통해 자본을 조달할 경우 현금의 유입이 있다. 즉, 부채를 상환하거나 자사주를 매입하거나 배당을 하는 행위는 기업의 입장에서 현금의 유출이며 단기차입금이나 장기부채, 보통주가 증가하는 것은 현금의 유입에 해당한다. XYZ(주)는 2013년 장기차입금을 상환하여 210만 원의 현금 유출이 있었으며 배당금을 300만 원 지급하여 300만 원의 현금 유출이 있었다. 따라서 재무활동에 의한 순현금흐름은 총 510만 원의 현금 유출이다.

영업활동, 투자활동, 재무활동에 의한 순현금흐름을 합산한 현금의 증감액을 기초의 현금에 더해 주면 기말의 현금을 도출할 수 있다.

XYZ(주)의 경우 영업활동, 투자활동, 재무활동에 의한 순현금흐름을 합산하면 2013년 동안 현금이 390만 원 증가하였고 이를 기초의 현금 410만 원에 더해 주면 기말의 현금 800만 원을 구할 수 있다. 이는 표 4.1의 2013년 말 현재 재무상태표의 현금및현금성자산 800만 원과 일치한다.

재무제표 작성의 원칙

재무제표상의 수치는 기업의 회계 시스템을 통하여 도출되었고 한국 상장 기업의 회계 시스템은 한국채택국제적회계기준(K-IFRS: Korean International Financial Reporting Standards)을 따라 운영된다. 회계 정보는 동일한 원칙에서 작성되었기 때문에 정보이용자에게 신뢰를 줄 수 있고, 특히 회계 감사를 통하여 — 완벽할 수는 없지만 — 재무제표의 내용이 합리적인 수준에서 양질의 재무 정보를 제공하고 있음을 보장하려 한다.

발생 주의와 수익 - 비용 대응의 원칙

현금 기준 회계는 현금이 거래된 내역이 있을 때 그 거래 내역을 기록한다. 반면 발생 주의 회계는 현금의 거래와 관계없이 거래가 이루어졌을 때(예 : 제품의 판매가 이루어져서 제품의 가치를 알 수 있을 때) 그 거래 내역을 기록한다. 발생 주의는 수익과 비용을 잘 대응시킨다는 장점이 있다. 발생 주의 회계에 따르면 수익은 영업활동이 일어난

기간 중에 인식하고 그 수익을 창출하기 위해 발생한 관련 비용 역시 같은 기간에 인식하여 기업 활동의 원인과 결과를 잘 표현해 준다.

시장가치와 장부가치

전통적으로 재무상태표상에 나타나는 자산의 장부가치는 대부분 그 자산을 취득할 때의 가치인 역사적 원가에 기초하였다. 현금이나 매출채권과 같은 유동자산의 경우 그 자산의 실제 가치와 역사적 원가가 거의 비슷하지만 토지나 건물 같은 고정자산의 경우 자산을 취득한 지 오래될수록 자산의 시장가치는 역사적 원가와 점점 차이가 나게 된다. 그런데 회계 정보 이용자의 입장에서는 재무제표가 알려 주는 회계 정보가 자산의 현재 시장가치를 잘 반영할수록 회사의 경영 상태에 대하여 올바른 평가를 내릴 수 있다.

그러면 왜 회계 시스템은 전통적으로 역사적 원가 기준의 재무제표를 작성하였을까? 한 가지 이유는 객관성 때문이다. 토지나 건물과 같이 거래가 자주 일어나지 않는 고정자산의 시가는 쉽게 얻을 수 있는 정보가 아니고 매번 전문가의 감정을 필요로 하게 된다. 이것은 막대한 비용을 수반하며 전문가의 감정의 신뢰성 역시 의문이 제기된다. 그러나 최근 회계 정보의 유용성을 강조하는 추세에 따라 K-IFRS의 경우 역사적 원가보다는 시장가치 반영을 중시하여 토지 등 고정자산의 공정 가치 평가를 확대해 적용하고 있다.

재무비율의 이해

재무제표상에 나타나는 항목 간의 관계를 살펴보거나 규모가 서로 다른 기업 간에 비교를 할 때는 비율 분석을 많이 사용한다. 재무비율 분석을 통해 경영상에서 나타나는 약점이나 강점을 파악할 수 있다. 재무비율은 내부적으로는 운영의 효율성을 높이는 경영 통제의 지표로 사용되며 외부적으로는 경영자와 투자자 사이의 중요한 의사소통 수단이 된다.

재무비율로써 알아 보고자 하는 바는 크게 다섯 가지로 구분된다.

1. 기업의 유동성(단기지불능력)
2. 장기지불능력(재무레버리지)
3. 기업의 활동성(회전율)
4. 기업의 수익성
5. 기업의 시장가치

여기서는 특히 자주 사용되는 재무비율들을 위주로 하여 각 비율이 어떻게 계산되며 무엇을 측정하려고 하는지, 비율의 변화가 기업의 경영상태에 대해 어떠한 정보를 알려 주는지를 소개한다. 그리고 앞서 나온 XYZ(주)의 재무제표 정보에 기반하여 각 비율 계산의 예를 살펴보려 한다. 비율 분석에 있어서 유의할 점은 어떤 비율이 좋고 나쁜지를 가르는 절대적 기준치는 존재하지 않는다는 것이다. 재무비율은 다만 기업의 특성에 따라 어떠한 방향성을 제시해 준다. 또한 같은 명칭의 재무비율이라도 여기서 소개하는 방식과 정확하게 같은 방식으로 구해지는 것은 아니기 때문에 재무비율 정보를 활용할 때는 항상 그것이 어떠한 정의에 따라 도출되었는지를 확인해야 한다.

기업의 유동성(단기지불능력)

기업은 채무를 이행하지 못하면 파산을 하게 된다. 따라서 투자자와 채권자는 기업의 채무불이행 위험을 철저하게 관리한다. 유동비율과 당좌비율[2]이 기업의 단기 채무 지불능력을 측정한다. XYZ(주)는 유동자산이 3,000만 원이고 유동부채가 2,000만 원이므로 유동비율은 다음과 같이 계산된다.

$$유동비율 = 유동자산/유동부채 = 3,000/2,000 = 1.75$$

XYZ(주)의 유동비율은 1.75로 '유동자산이 유동부채의 1.75배다' 또는 '유동부채 1원당 1.75원의 유동자산을 보유하고 있다'고 표현한다. 기업은 어느 정도의 유동비율을 유지하는 것이 바람직할까? 우선 일반적으로 유동자산이 유동부채보다 많아서 유동비율이 1보다 크기를 기대한다. 그리고 상품 개발과 생산 주기가 짧고 안정적으로 현금이 유입되는 회사는 유동비율을 다소 낮게 유지하고 상품 개발과 생산 주기가 긴 기업들은 다소 높은 유동비율의 유지를 기대한다.

유동비율보다 기업 자산의 현금화 능력에 대한 더 엄격한 척도는

---

2 당좌비율은 산성시험비율(acid test ratio)이라고도 한다.

당좌비율이다. 이것은 유동자산에서 단기적으로 현금화할 수 없는 요소를 모두 제거한 당좌자산을 유동부채와 비교한 수치이다. XYZ(주)의 경우 유동자산은 3,000만 원, 재고자산은 1,200만 원, 그리고 유동부채는 2,000만 원이므로 당좌비율은 다음과 같이 계산된다.

$$당좌비율 = 당좌자산/유동부채 \text{ 또는 } (유동자산 - 재고)/유동부채$$
$$= (3,500 - 1,200)/2,000 = 1.15$$

유동자산 중에서 특히 재고자산은 유동성이 떨어지고 그 질이 반영되지 않기 때문에 장부가치와 시장가치의 차이가 있을 수 있다. 따라서 당좌비율을 구할 때에는 이를 제외하고 계산한다. 재고자산이 많은 기업의 경우 유동비율과 당좌비율의 차이가 많이 날 수 있다.

장기지불능력(재무레버리지)

기업의 자금 중 주주의 자본금이 아닌 장기부채에 의해 조달되는 비율을 재무레버리지라고 하며 재무레버리지는 기업의 장기지불능력에 대한 척도로 활용된다. 재무레버리지는 부채 대비 총자산의 비율 또는 부채 대비 자본의 비율로 측정한다. XYZ(주)의 경우 장기부채는 3,000만 원, 총자산 1억 5,000만 원, 그리고 총자본은 1억 원이므로 부채비율과 부채대자본비율은 각각 다음과 같이 계산된다.

$$부채비율 = 장기부채/총자산 = 3,000/15,000 = 0.2$$
$$부채대자본비율 = 장기부채/총자본 = 3,000/10,000 = 0.3$$

부채비율이나 부채대자본비율을 이야기할 때 부채나 자기자본의 정의가 다양하기 때문에 주의를 요한다. 재무레버리지는 장기지불능력을 측정하기 때문에 여기서의 부채는 보통 유동부채를 제외하고 장기부채만을 대상으로 한다. 여기서는 간략한 재무제표를 예로 들어서 장기부채가 명확해 보이지만 실제 기업의 재무제표를 분석할 때는 장기부채에 해당하는 항목에 대한 정의가 다양하다. 재무레버리지가 늘어나면 주주의 입장에서는 투자한 돈에 비해 수익성이 커진다. 그러나 이는 그만큼 파산의 위험성이 커진 대가이다. 예를 들어 어떠한 자산에 4,000만 원을 투자하면 이 자산의 가치가 50%의 확률로 1년 후 5,000만 원으로 늘어나고 나머지 50%의 확률로는 3,000만 원이 된다고 하자. 이때, 4,000만 원을 모두 자기자본으로 투자(부채비율＝0%)한다면 기대수익률은 $\{50\% \times 1,000 + 50\% \times (-1,000)\}/4,000 = 0\%$이다. 이번에는 4,000만 원 중 3,000만 원을 부채로 조달하고 1,000만 원을 자기자본으로 투자(부채비율＝75%)한다고 하자. 주주의 입장에서는 자산의 가치가 5,000만 원이 되면 부채인 3,000만 원을 상환한 나머지 2,000만 원을 받지만 자산의 가치가 3,000만 원이 되면 부채를 상환하고 나면 0원을 받게 되어 처음에 투자한 1,000만 원 모두를 잃게 된다. 따라서 기대수익률은 $\{50\% \times 2,000 + 50\% \times 0\}/1,000 =$ 100%가 된다. 재무레버리지가 높아짐에 따라 기대수익률이 높아졌지만 주주가 부담하는 위험도 커졌다. 부채비율이 0%였을 때는 각 경우의 수익률이 12.5%와 -12.5%였는데 반해 부채비율이 75%가 되면 각 경우의 수익률이 200%와 0%가 되기 때문이다.

또한 재무레버리지가 높아지면 이자비용의 부담이 커지며 채무불이행의 위험성이 높아진다. 이자를 지급하지 못하는 채무불이행이 발생하게 되면 채권자는 기업의 청산을 요구할 수 있다. 따라서 현금흐름이 불확실한 벤처 기업의 경우 되도록 재무레버리지를 낮게 가져갈수록 좋다.

재무레버리지와 관련하여 기업이 이자비용을 감당할 만큼 충분한 이익을 창출하는지를 측정하는 재무비율로는 이자보상비율이 있다. XYZ(주)의 경우 영업이익(EBIT: Earnings before Interest and Tax)은 1,550만 원이고 이자비용은 240만 원이므로 이자보상비율은 다음과 같이 계산된다.

이자보상비율＝영업이익(EBIT)/이자비용＝1,550/240＝6.46

영업이익(EBIT)이 이자 비용의 몇 배인지를 측정하는 이자보상비율을 통해서 이익이 하락하는 위기가 닥쳤을 경우 어느 정도까지 지불능력을 유지할 수 있는지 알 수 있다.

기업의 활동성(회전율)

기업의 활동성과 관련된 재무비율은 기업이 매출을 창출하기 위해 자산을 얼마나 효율적으로 사용하는지의 척도이다. 동일한 매출에 대해 자산을 효율적으로 활용할수록 자금 조달의 필요성이 적어지기 때문에 기업의 활동성 관련 재무비율은 자금 부족에 시달리는 초기 벤처 기업이 중요하게 관리해야 할 지표이다. 이들 지표는 뒤에서 다룰 현금 주기, 현금 예산과 밀접하게 관련된다. 활동성 지표는 어떤 자산이 정해진 기간(통상적으로 1년) 동안 몇 번 회전하는지를 측정하는 회전율 또는 어떤 자산이 한 번 회전하는 데 얼마나 걸리는지를 표시하는 회수 기간으로 표현된다.

우선 매출채권과 관련하여 매출이 발생한 후 외상매출금인 매출채권을 얼마나 빨리 현금으로 회수할 수 있는지 측정하는 매출채권평균회수기간(ACP: Average Collection Period)가 있다. 회수 기간이 길수록 더 많은 운전자본이 소요되고 운전자본 조달 비용은 수익에 악영향을 미친다. 매출채권평균회수기간은 다음과 같이 구할 수 있다. 먼저 모든 매출이 외상 판매 되었다는 가정하에 XYZ(주)의 매출액은 2억 3,000만 원이고 매출채권은 1,500만 원이므로 매출채권회전율은 다음과 같다.

$$매출채권회전율 = 매출액/매출채권 = 23,000/1,500 = 15.33$$

매출채권회전율은 기업이 1년에 총 몇 번 외상매출금을 회수하여 다시 외상을 주었는지를 측정한다. 이를 이용하여 매출채권평균회수기간을 구하면 다음과 같다.

$$매출채권평균회수기간 = 365일/매출채권회전율$$
$$= 매출채권/일일평균매출액$$
$$= 365/15.33 = 1,500/63.01 = 23.8일$$
$$일일평균매출액 = 매출액/365일 = 23,000/365 = 63.01$$

매출채권평균회수기간을 동종업계의 다른 기업과 비교하거나 한 기업의 추세를 살펴봄으로써 기업의 경영 상태를 진단할 수 있다.

다음으로 재고자산회전율과 평균재고일이 있다. XYZ(주)의 매출원가는 1억 4,950만 원이고 재고자산은 1,200만 원이므로 재고자산회전율은 다음과 같다.

$$재고자산회전율 = 매출원가/재고자산 = 14,950/1,200 = 12.46$$

재고자산회전율은 한 해 동안 몇 번이나 재고자산이 다 팔리고 새로운 재고자산으로 대체되는지를 나타낸다. 이 비율이 높을수록 재고를 현금화하는 능력이 커서 보다 적은 자본이 재고에 묶여 있음을 나타낸다. 재고자산회전율을 계산할 때 만약 재고자산이 기초와 기말에 큰 차이를 보인다면 그 기간의 평균재고자산(통상적으로 기초와 기말의 재고자산의 합계의 1/2로 계산)을 사용하는 것이 좋다. 만약 현재 재고의 회전율이 주된 관심사라면 가장 최근의 매출원가와 기말 재고자산을 활용하는 것이 좋다.

$$평균재고일 = 365일/재고자산회전율 = 재고자산/일일평균매출원가$$
$$= 365/12.46 = 1,200/40.96 = 29.3일$$
$$일일평균매출원가 = 매출원가/365일 = 14,950/365 = 40.96$$

평균재고일은 전체 재고자산이 한 번 판매되기까지 얼마나 걸리는지를 측정한다. 잘 팔리는 상품일수록 평균재고일이 짧고 잘 안 팔리는 상품일수록 평균재고일이 길게 나타난다. 평균재고일은 산업별로 다르기 때문에 동종업계의 비슷한 제품이나 서비스를 기준으로 서로 비교하거나 같은 제품 및 서비스의 평균재고일 추세를 살펴보며 경영 상태를 점검할 수 있다.

XYZ(주)의 매출액은 2억 3,000만 원이고 총자산은 1억 5,000만 원이므로 총자산회전율(total asset turnover ratio)은 다음과 같다.

$$총자산회전율＝매출액/총자산＝23,000/15,000＝1.53$$

총자산회전율은 자산 1원당 매출을 얼마 발생시켰는지 측정한다. 참고로 총자산회전율의 역수인 자본집중도(capital intensity ratio)도 자주 사용되는 개념이다. 자본집중도는 다음과 같다.

$$자본집중도＝총자산/매출액＝15,000/23,000＝0.65$$

자본집중도는 매출액을 1원 발생시키기 위해 필요한 자산이 얼마인지를 측정한다.

기업의 수익성

수익성 관련 비율은 기업이 얼마나 효율적으로 투자를 사용하여 수익을 창출하는지 나타낸다. 대표적인 수익성 관련 비율로는 투자한 자산 대비 이익이 얼마나 나는지를 측정하는 총자산수익률(ROA: Return on Assets), 주주의 입장에서 투자한 자본 대비 이익이 얼마나 발생하였는지를 측정하는 자기자본수익률(ROE: Return on Equity), 매출액 대비 순이익의 비율을 측정하는 매출액순이익률(profit margin, 마진율)이 있다.

XYZ(주)의 당기순이익은 850만 원이고 총자산은 1억 5,000만 원이므로 총자산수익률은 다음과 같이 구할 수 있다.

$$총자산수익률(ROA)＝당기순이익/총자산＝850/15,000$$
$$＝0.056 \text{ 또는 } 5.6\%$$

총자산수익률은 자금의 조달 방법(부채 또는 자본)에 관계없이 투자한 자산이 얼마나 효율적으로 순이익을 발생시키는지 살펴본다.

XYZ(주)의 당기순이익은 850만 원이고 총자본은 1억 원이므로 자기자본수익률(ROE)의 정의에 따라 다음과 같이 구할 수 있다.

$$자기자본수익률(ROE)＝순이익/총자본＝850/10,000$$
$$＝0.085 \text{ 또는 } 8.5\%$$

자기자본수익률은 주주의 입장에서 투자한 자본이 얼마의 순이익을 발생시켰는지 알려 준다.

기업의 수익성과 관련하여 많이 쓰이는 용어로 투자수익률(ROI: Return on Investment)이 있다. 투자수익률은 개념적으로 투자에 대한 수익을 투자로 나눈 것으로 정의할 수 있는데 문제는 용어를 쓰는 사람마다 '투자'에 대한 정의와 '투자에 대한 수익'의 정의가 다르다는 것이다. 예를 들어 어떤 프로젝트를 대상으로 투자수익률을 구할 경우 '투자'는 그 프로젝트에 투입된 자산을 지칭할 수도 있고 주주 입장에서 투입된 자산으로부터 프로젝트를 위해 조달한 부채를 차감한 금액을 지칭할 수도 있다.

XYZ(주)의 당기순이익은 850만 원이고, 매출액은 2억 3,000만 원이므로 매출액순이익률은 다음과 같다.

매출액순이익률＝당기순이익/매출액＝850/23,000＝0.04

매출액순이익률은 매출액 1원당 얼마의 순이익이 발생하는지를 측정하는 것으로 기업 영업활동에 대한 수익성을 측정한다.

기업의 시장가치

기업의 시장가치 비율은 제무재표 장부상의 가치가 주식 시장에서는 어떻게 받아들여지는지를 보여 준다. XYZ(주)의 2013년 말 현재 주가가 2,200원이라고 가정하자.

XYZ(주)의 경우 2013년 말 현재 주가는 2,200원이고 당기순이익이 850만 원, 발행 주식 수가 5만 주이므로 주가순이익비율(PER: Price Earnings Ratio)는 다음과 같이 계산된다.

주가순이익비율＝주가/주당순이익＝2,200/170＝12.9
주당순이익＝순이익/발행 주식 수=850만 원/5만주＝170원

주가순이익비율이 높을수록 주식 시장이 기업의 현재 순이익 대비 주가를 높이 평가하고 있다는 것을 의미한다. 이는 투자자들이 기업의 성장성을 높게 평가하여 미래에 더 높은 순이익이 발생할 것을 기대한다는 것을 의미하거나 그렇지 않을 경우 기업이 고평가 되었을

가능성을 의미한다.

의미 있는 주가순이익비율을 계산하기 위해서는 양의 순이익이 필요하다. 그러나 벤처 기업의 경우 양의 순이익에 이르기까지 상당히 오랜 시간이 필요하다. 매출액은 순이익보다 먼저 발생하기 때문에 주가매출액비율(PSR: Price-Sales Ratio)이 벤처 기업에게는 더 유용할 수 있다. XYZ(주)의 경우 2013년 말 현재 주가가 2,200원이고, 매출액이 2억 3,000만 원, 발행 주식 수가 5만 주이므로 주가매출액비율은 다음과 같이 계산된다.

주가매출액비율(PSR)＝주가/주당매출액＝2,200/4,600＝0.48
주당매출액＝매출액/발행 주식 수＝2억 3,000만 원/5만 주＝4,600원

시장가치 대 장부가치비율(M/B: Market-to-Book Ratio 또는 PBR: Price on Book-value Ratio)은 주식의 시장가치 대비 장부가치의 비율을 살펴본다. XYZ(주)의 경우 2013년 말 현재 주가가 2,200원이고, 자본이 1억 원, 발행 주식 수가 5만 주이므로 시장가치 대 장부가치비율은 다음과 같다.

시장가치 대 장부가치 비율(M/B)＝주가/주당장부가치
＝2,200/2,000＝1.1
주당장부가치＝자본/발행 주식 수＝1억 원/5만 주＝2,000원

시장가치 대 장부가치비율이 높은 기업의 주식은 성장성이 높다고 해석하여 성장주(growth stock)라고 하고 시장가치 대 장부가치비율이

낮은 기업의 주식은 가치주(value stock)라고 한다.

　기업가치(EV: Enterprise Value) 대 이자, 법인세비용 및 감가상각비 차감 전 순이익(EBITDA: Earnings before Interest, Tax, Depreciation, and Amortization) 비율(EV/EBITDA)은 다음과 같이 구한다. XYZ(주)의 영업이익(EBIT)은 1,550만 원, 감가상각비는 1,300만 원, 2013년 말 현재 주가는 2,200원, 발행 주식 수는 5만 주, 부채총계는 5,000만 원, 그리고 현금은 800만 원이므로 EV 대 EBITDA 비율은 다음과 같다.

　EV 대 EBITDA 비율=15,200/2,850=5.33
　EV=주식의 시가총액＋모든 부채의 장부가치－현금
　　＝주식의 시가총액＋순부채
　　＝(2,200원×5만 주)＋5,000만 원－800만 원＝1억 5,200만 원
　EBITDA＝영업이익(EBIT)＋감가상각비＝1,550만 원＋1,300만 원
　　＝2,850만 원

　EV 대 EBITDA 비율은 기업 영업자산의 시장가치인 EV가 기업의 영업현금흐름의 지표인 EBITDA의 몇 배로 형성되는지를 살펴본다.

상장기업의 재무제표를 비롯한 각종 공시는 전자공시시스템
(DART: Data Analysis, Retrieval and Transfer System, http://dart.
fss.or.kr/)에서 찾을 수 있다. 또한 증권 포털 사이트나 네이버 금
융 등 포털에서도 DART의 정보를 토대로 주요 정보를 제공하고
있다. 그 밖에 FnGuide나 Bloomberg 등 금융 정보를 전문적으로
가공하여 제공하는 서비스를 이용할 수도 있다.

　여기서는 설명의 편의를 위해 단순화한 재무제표를 활용했으
나 실제 기업의 재무제표의 정보를 활용할 때는 보다 다양하고
복잡한 항목들을 접하게 된다. 또한 같은 기업의 동 기간의 같
은 항목이 어느 기준에서 작성된 재무제표에 근거하느냐에 따라
서로 다르게 나타나기도 한다. 기업들이 보고하는 재무제표에
는 한국채택국제회계기준(K-IFRS)에 따른 연결재무제표와 개별
재무제표, 그리고 일반기업회계기준(K-GAAP: Korean Generally
Accepted Accounting Principles)에 따른 연결재무제표와 개별재
무제표가 있다. 연결재무제표는 기업집단에 속한 두 개 이상의
회사의 개별재무제표를 하나의 기업처럼 종합하여 작성한 재무
제표이다.

　한국은 한국채택국제회계기준 도입 이전에 독자적인 기업회

네이버의 K-IFRS의 주재무제표

Financial Summary	주재무제표 ⌄	IFRS ❓	산석 ❓				* 단위: 억원, %, 배, 천주, 분기:순액기준	
주요재무정보	연간				분기			
	2010/12 (GAAP개별)	2011/12 (IFRS연결)	2012/12 (IFRS연결)	2013/12 (IFRS연결)	2013/12 (IFRS연결)	2014/03 (IFRS연결)	2014/06 (IFRS연결)	2014/09 (IFRS연결)
매출액	13,125	21,213	17,987	23,120	6,411	6,380	6,979	6,758
영업이익	6,071	6,604	5,212	5,241	1,543	1,898	1,904	1,841
세전계속사업이익	6,447	6,321	5,485	4,569	462	1,894	687	2,026
당기순이익	4,942	4,521	5,444	18,953	541	1,289	394	1,537
당기순이익(지배)	4,942	4,500	5,461	18,975	539	1,294	401	1,543
(비지배)당기순이익		21	-16	-22	2	-5	-8	-5
자산총계	17,203	23,727	29,273	26,977	26,977	28,751	30,608	33,619

출처: 네이버 금융(http://finance.naver.com/)

계기준을 적용하고 있었으나, 2011년부터 2조 원 이상 상장기업에 한국채택국제회계기준을 적용하였고 2013년부터 2조 원 미만 기업에서도 한국채택국제회계기준을 적용한다. 한국채택국제회계기준을 적용하기 힘든 비상장기업의 경우 2011년부터 일반기업회계기준이 적용되었다. 따라서 특히 상장기업의 경우 기존의 기업회계기준에서 한국채택국제회계기준으로 전환되는 시기에는 재무제표 작성의 연속성이 없으므로 어떤 기업의 재무제표를 다기간에 거쳐 비교할 때나 서로 다른 기업을 비교할 때 서로 다른 기준에 의해 작성된 숫자를 비교하지 않도록 주의를 요한다. 위의 그림은 2010년부터 2014년까지 네이버가 공시한 주재무제표를 보여준다. 네이버의 경우 2010년까지는 기업회계기준을 적용하다가 2011년부터는 한국채택국제회계기준의 연결재무제표를 기준으로 하고 있음을 알 수 있다.

한국채택국제회계기준의 기업회계기준과 비교했을 때 주요한 차이점은 연결재무제표의 작성과 공정가치평가 확대에 있다. 연결재무제표는 기업집단에 속한 두 개 이상의 회사의 개별 재무제표를 하나의 기업처럼 종합하여 작성된다. 네이버 금융(http://finance.naver.com/)에서는 다음 페이지의 그림에서처럼 기업이 당시 공시한 기준에 따라 작성된 주재무제표와 함께 K-IFRS(개별), K-IFRS(연결), K-GAAP(개별) 및 K-GAAP(연결) 기준의 재무제표를 각각 제공하고 있는 것을 볼 수 있다. K-IFRS(연결)은 모회사만 보고하는 연결재무제표로, 자회사들은 K-IFRS(개별)만을 작성한다. 따라서 자회사가 없는 회사의 경우 연결재무제표와 개별재무제표에서 제공되는 값이 동일하고, 자회사가 존재하여 지배구조가 복잡한 회사의 경우 연결재무제표와 개별재무제표의 값이 서로 다르다.

다음의 그림에서 보면, 네이버의 경우 2014년 2분기 영업이익(연결)은 1,904억 원이고, 영업이익(개별)은 1,796억 원인 것을 알 수 있다. 뉴스 기사 등에서 기업의 성과를 보도할 때 아래 첫번째 기사와 같이 보도하는 숫자가 연결재무제표에 근거함을 명시하는 경우도 있지만 두번째 기사와 같이 명시하지 않는 경우도 있다.

네이버의 K-IFRS 연결 기준의 재무제표

Financial Summary	K-IFRS(연결) ▼	IFRS ?	산식 ?					* 단위: 억원, %, 배, 천주, 분기: 순액기준	
	주재무제표 K-IFRS(별도) K-IFRS(연결) K-GAAP(개별) K-GAAP(연결)		연간			분기			
주요재무정보	20 2 (IFRS연결)	(IFRS연결)	2012/12 (IFRS연결)	2013/12 (IFRS연결)	2013/12 (IFRS연결)	2014/03 (IFRS연결)	2014/06 (IFRS연결)	2014/09 (IFRS연결)
매출액	17,727	21,213	17,987	23,120	6,411	6,380	6,979	6,758
영업이익	6,247	6,604	5,212	5,241	1,543	1,898	1,904	1,841
세전계속사업이익	6,436	6,321	5,485	4,569	462	1,894	687	2,026
당기순이익	4,947	4,521	5,444	18,953	541	1,289	394	1,537
당기순이익(지배)	4,942	4,500	5,461	18,975	539	1,294	401	1,543
(비지배)당기순이익	5	21	-16	-22	2	-5	-8	-5
자산총계	19,759	23,727	29,273	26,977	26,977	28,751	30,608	33,619

출처: 네이버 금융(http://finance.naver.com/)

 네이버의 K-IFRS 개별 기준의 재무제표

Financial Summary	K-IFRS(별도) ▼	IFRS ?	산식 ?					* 단위: 억원, %, 배, 천주, 분기: 순액기준	
	주재무제표 K-IFRS(별도) K-IFRS(연결) K-GAAP(개별) K-GAAP(연결)		연간			분기			
주요재무정보	20 2 (IFRS별도)	(IFRS별도)	2012/12 (IFRS별도)	2013/12 (IFRS별도)	2013/12 (IFRS별도)	2014/03 (IFRS별도)	2014/06 (IFRS별도)	2014/09 (IFRS별도)
매출액	13,125	14,351	11,314	12,235	3,281	3,249	3,699	4,537
영업이익	6,071	6,540	5,189	5,904	1,697	1,649	1,796	1,806
세전계속사업이익	6,447	6,260	5,524	5,427	947	1,625	622	1,992
당기순이익	4,942	4,717	5,361	19,606	996	1,249	466	1,522
당기순이익(지배)	4,942	4,717	5,361	19,606	996	1,249	466	1,522
(비지배)당기순이익								
자산총계	17,203	19,848	26,415	22,601	22,601	23,826	24,955	28,086

출처: 네이버 금융(http://finance.naver.com/)

"NAVER는 2분기 영업이익이 전년 동기 대비 38.5% 증가한 1,912억 원을 기록했다고 31일 공시했다."

(매일경제, 2014. 7. 31)

"31일 네이버는 2분기 연결 영업이익이 1, 911억 7,500만 원[3]으로 전년 동기 대비 38.5% 늘었다고 공시했다."

(서울파이낸스, 2014. 7. 31)

통상적으로 뉴스 기사나 공시에서 발표하는 공식적인 재무 실적은 K-IFRS 기준을 따르며, 기업집단의 모회사의 경우 K-IFRS(연결)이 기준이다.

---

3 뉴스 기사는 네이버의 잠정 실적 공시를 보도하고 있다. 따라서 기사가 보도하는 2014년 2분기 영업이익인 1,912억 원과 실제 실적으로 공시된 영업이익인 1,904억 원이 다소 차이가 있다.

벤처 기업의 재무 계획

05

벤처 기업의 사업 계획서에서 빠지지 않는 것이 바로 재무 계획이다. 재무 계획은 장기(보통 2~5년)에 거쳐서 회사의 재무상 목표를 보여 준다. 재무 계획의 시작은 추정재무제표(pro forma statement)의 작성이다.

추정재무제표의 작성

성숙 기업의 경우 기존의 사업 활동에 기초하여 추정재무제표를 작성할 수 있기 때문에 추정재무제표의 작성이 비교적 수월하다. 그러나 벤처 기업 특히 초기 벤처 기업의 경우 추정에 참고로 삼을 만한 과거 자료가 부족하며 미래의 불확실성이 성숙 기업보다 훨씬 크다. 비용 구조의 경우 고정적으로 지출되는 비용이 있기 때문에 비교적 정확한 예측이 가능하지만 수익의 기초가 되는 매출액의 예측은 수많은 가정을 동반하게 된다. 따라서 벤처 기업이 제시하는 추정재무제표는 어디까지나 미래에 대한 바람직한 한 가지 시나리오이자 기업의 경영 관련 의사 결정을 위한 분석의 시작점에 불과하다.

여기서 소개할 추정재무제표의 작성법은 기업에서 수익의 근원인 추정 매출액에서 시작하여 추정손익계산서를 작성하고 이를 바탕으로 추정재무상태표를 작성하는 순서를 따른다. 추정재무제표를 작성하면서 추정매출액을 달성하기 위해 필요한 자산의 증감(고정자산과 순운전자본의 증감)을 예측할 수 있고 이에 대한 자금 조달 계획을 반영하여 재무상태표의 대차를 맞추어야 한다.

기업은 철저한 시장 조사를 통하여 매출액이 어느 시점에 어느 규모로 발생할 것인지를 추정하여야 한다. 이는 제품 개발까지 얼마나 시간이 걸릴 것인지, 잠재 시장 규모와 시장 점유율이 어떠한 속도로 늘어날 것인지에 대한 가정을 필요로 한다.

그 다음으로 매출을 발생시키기 위한 비용을 추정한다. 초기 벤처 기업의 경우 한동안 매출은 없이 비용만 발생하게 된다. 이때 직원들에 대한 월급이나 임대료 등 매출과 관계없이 발생하는 고정비용을 빠짐없이 포함하여야 한다. 매출액과 함께 증가하는 매출원가 및 판매및관리비의 계산은 동종업계 유사 기업들의 사례를 고려하여 추정한다. 보통 매출원가나 판매및관리비의 계산은 매출액의 백분율에 의거하여 계산하기 때문에 이러한 방법을 매출액백분율법(percentage of sales approach)이라고 한다. 그리고 이자비용과 법인세를 차감하여 당기순이익을 도출한다. 여기서 도출한 순이익의 규모나 총자산수익률(ROA), 자기자본수익률(ROE) 및 매출액순이익률 등의 수익성 비율이 투자자들의 투자를 보상할 만한 규모인지 검토하여 사업의 수익성을 확인할 수 있다.

표 5.1은 앞 장에서 나온 기업 XYZ(주)의 2014년 추정손익계산서이다. XYZ(주)는 2014년에 매출액이 2억 7,000만 원으로 성장할 것으로 예상하였고 각종 비용은 매출액의 88%가 될 것으로 예상하고 있다. 이자비용은 현재의 부채 규모와 자금 조달 계획을 고려하여 540만 원으로 예상하였고 법인세비용은 법인세차감전순이익의 35%를 예상하여 945만 원으로 추정하였다. 이렇게 추정한 당기순이익은

표 5.1 추정손익계산서

XYZ(주) 2014년 추정손익계산서	(단위: 만 원)
매출액(추정)	27,000
비용(매출액의 88%)	23,760
영업이익(EBIT)	3,240
이자비용	540
법인세비용차감전순이익(EBT)	2,700
법인세비용(35%)	945
당기순이익(NI)	1,755
배당	500
유보이익	1,255

1,755만 원이다.

성숙 기업이라면 그 다음에 순이익 중 얼마를 배당하고 얼마를 투자할 것인지에 대한 결정을 해야 한다. 배당을 하고 기업에 유보시키는 이익은 기업의 성장을 위한 투자에 사용된다. 표 5.1의 XYZ(주)의 경우 당기순이익 1,755만 원 중 500만 원을 배당하고 1,255만 원을 유보하는 의사 결정을 하였다. 벤처 기업은 초기 상당 기간 동안 순손실을 기록한다. 그리고 한창 성장을 하는 벤처 기업의 경우 투자를 위한 자금이 항상 부족하기 때문에 많은 경우 양(+)의 순이익이 발생하더라도 배당을 하지 않고 모든 순이익을 유보한다.

추정손익계산서의 작성이 끝나면 이를 바탕으로 추정재무상태표를 작성한다. 순운전자본과 관련된 항목들과 고정자산의 경우 매출액과 연동되는 항목들이다. 그러나 다른 항목들은 자본 조달 계획이나 배당 의사 결정과 같은 경영진의 의사 결정을 반영한다.

매출이 없고 비용만 발생하는 초기 벤처 기업의 경우 손익계산서에서 추정된 매입채무 및 재고자산의 발생, 그리고 고정자산의 투자 계획을 고려하여 자산에서 해당 항목을 채워야 하며 그에 따른 현금의 증감을 반영하여 추정재무상태표를 작성해 나가기 시작한다.

유동자산 중 현금, 매출채권 및 재고자산 그리고 유동부채 중 매입채무는 매출의 규모가 늘어나면 함께 성장하는 항목들이다. 이들 항목은 매출이 있을 경우 매출액백분율법을 적용할 수 있다. 또한 매출액이 늘어나면 생산 설비 등 고정자산에 대한 투자도 함께 늘어나야 하기 때문에 이 역시 매출액백분율법을 적용할 수 있는 항목이다. 표 5.2는 XYZ(주)의 2014년 기말 추정재무상태표에서 매출액백분율법을 적용할 수 있는 항목과 적용할 수 없는 항목을 보여 준다.

표 5.2의 XYZ(주)의 경우 현금은 매출액의 10%, 매출채권 및 재고자산은 각각 매출액의 17%와 13%, 매입채무는 매출액의 15%가 될 것으로 예상하고 있다. 또한 고정자산의 경우 매출액의 50% 규모로 성장할 것을 예상한다. 추정재무상태표를 작성한 후 총자산을 매출액으로 나눈 자본집중도를 점검해 보면 매출액 1원을 발생시키기 위해 자산이 얼마나 소요되는지를 알 수 있다. XYZ(주)의 추정재무상태표상 자본집중도는 0.9이다. 일반적으로 벤처 기업들은 성숙 기업보다 자본집중도가 낮기 때문에 매출액이 증가하여도 자산에 대한 투자는

표 5.2 　매출액백분율법에 따른 추정재무상태표의 작성

XYZ(주)

2014년 말 추정재무상태표 (단위: 만 원)

자산:	매출액백분율	부채:	매출액백분율
현금및현금성자산	10%	매입채무	15%
매출채권	17%	단기차입금	미정
재고자산	13%	총유동부채	미정
총유동자산	40%	장기차입금	미정
		부채총계	미정
순고정자산	50%	**자본:**	
		자본금	미정
		자본잉여금	미정
		이익잉여금	미정
		자본총계	미정
자산총계	90%	부채와 자본총계	자산 총계와 일치

상대적으로 적게 증가한다.

　차변의 자산을 추정하고 나면 대변의 부채와 자본을 추정해야 한다. 이 중 유동부채의 매입채무는 앞으로의 생산 계획에 따라 또는 매출이 있을 경우에 매출액백분율법을 통해 도출하고 자본 중 이번 기의 유보이익 증감은 추정손익계산서에서 추정한다. 벤처 기업의 경우 순이익이 모두 유보되기 때문에 매출액이 있는 경우 때에 따라서는

매출액백분율법에 따라 추정매출액순이익률을 이용하여 유보이익의 증감을 도출할 수 있다.

표 5.3은 XYZ(주)의 2014년 기말 추정재무상태표이다. XYZ(주)의 경우 손익계산서에서 계산된 유보이익은 1,255만 원으로 전기의 이익잉여금 1,500만 원에 더해져 2014년 말 이익잉여금은 2,755만 원으로 추정되었다. 그리고 부채 및 자본의 총계는 재무상태표의 회계등식에 의해 앞서 추정된 총자산의 규모와 일치해야 한다. 표 5.3에서 XYZ(주)의 2014년 말 자산총계는 매출액의 90%인 2억 4,300만 원으로 추정되었다. 이 규모를 일치시키기 위해서 단기차입금, 장기부채, 자본(보통주나 우선주)으로 각각 얼마씩을 충당할 것인지 결정해야 한다. 만일 전기 대비 이번 기에 자산의 규모가 증가하였다면 그중 매입채무의 증감과 유보이익의 증감을 제외한 나머지는 추가적인 자금 조달을 요한다. 이처럼 추정재무제표의 작성은 기업이 목표로 하는 매출액의 달성을 위해 필요한 소요자금의 규모와 함께 경영진의 자금 조달 계획을 반영한다.

표 5.3의 XYZ(주)의 경우 자산이 전기 대비 9,300만 원 증가하였는데 이 중 매입채무가 2,850만 원 증가하였고 이익잉여금이 1,255만 원이 증가하여 나머지 5,195만 원에 대한 외부 자금 조달이 필요하다. XYZ(주)는 이 중 195만 원을 단기차입하고 600만 원을 장기차입하며 나머지 4,400만 원은 신주를 발행하여 차입할 계획이다. 2013년 말 기준 주가가 2,200원이라고 가정하여 이 가격으로 주식을 발행한다고 했을 때 이는 2만 주의 신주 발행을 뜻한다. 액면가를 500원으로

표 5.3　추정재무상태표

XYZ(주)

2014년 말 추정재무상태표　　　　　　　　　　　　　　　(단위: 만 원)

자산:	추정	전기대비증감	부채:	추정	전기대비증감
현금	2,700	1,900	매입채무	4,050	2,850
매출채권	4,590	3,090	단기차입금	995	195
재고자산	3,510	2,310	총유동부채	5,045	3,045
총유동자산	10,800	7,300			
			장기차입금	3,600	600
			부채총계	8,645	3,645
순고정자산	13,500	2,000	**자본:**		
			자본금	3,500	1,000
			자본잉여금	9,400	3,400
			이익잉여금	2,755	1,255
			자본총계	15,655	5,655
자산총계	24,300	9,300	부채와 자본총계	24,300	9,300

외부자금조달 필요분	5,195
외부자금 조달계획	
단기차입금	195
장기차입금	600
자본금	1,000
자본잉여금	3,400

하여 새로 조달된 자본은 자본금 1,000만 원(500원×2만 주)과 자본 잉여금 3,400만 원(4,400만 원－1,000만 원)으로 추정된다.

이렇게 작성된 추정재무제표는 기업의 미래에 대한 한 가지 시나리오를 제시한다. 성숙 기업의 경우 추정재무제표에 근거하여 기업의 가치평가를 위한 현금흐름을 도출하고 이를 적정한 할인율로 할인하는 현금흐름할인법(DCF: Discounted Cash Flow)을 통해 기업가치를 계산할 것이다. 그러나 벤처 기업의 경우 추정재무제표의 정확도가 의심스럽기 때문에 현금흐름할인법에 의한 가치평가는 한 가지 참고 자료에 그칠 뿐이다.

벤처 기업의 경우 추정재무제표를 바탕으로 매출액의 발생 규모나 발생 시기, 원가의 비율이나 필요한 고정자산의 투자 규모 등에 대한 가정을 보다 보수적으로 설정해 볼 필요가 있다. 그리고 필요한 자금의 조달이 어려운 상황을 가정해 보고 이러한 경우 기업의 생존과 미래의 성장성이 어떠한 영향을 받는지도 검토해 볼 필요가 있다.

손익분기점 분석

벤처 기업의 성장에 있어서 중요한 분기점 중 하나는 바로 부(－)의 순이익(순손실)에서 양(＋)의 순이익으로 넘어가는 지점, 즉 0의 순이익을 달성하는 손익분기점(BEP: Break-Even Point)이다. 손익분기점 분석은 판매량과 순이익의 관계를 분석하는 기법으로 손익분기점은 보통 0의 순이익이 실현되는 판매량 또는 매출액을 나타낸다.

손익분기점은 생산에 필요한 고정비용과 변동비용의 비율에 의해 영향을 받는다. 변동비용(variable cost)은 생산량의 변화와 함께 변하는 비용으로 생산량이 없으면 변동비용도 발생하지 않는다. 변동비용의 예로는 원재료 비용이나 영업 사원에게 지급하는 판매 수당 등이 있다. 고정비용(fixed cost)은 적어도 일정한 기간 동안(예 : 1년 동안) 생산량과 관계없이 고정적으로 지출되는 비용이다. 임대료, 감가상각비, 이자 비용, 직원의 월급 등이 이에 해당한다. 고정비용은 생산량이 크게 변하면 함께 변하게 되지만 비교적 큰 구간에 대해서 일정하게 지출된다는 특성이 있다. 현실의 많은 비용들은 변동비용과 고정비용 중간의 성격을 띤다. 가령 전화 요금의 경우 요금제에 따라 사용량의 어떠한 구간까지는 정액으로 요금이 매겨지다가 그 이상에 대해서는 사용량에 비례하여 요금이 매겨진다. 보다 엄밀한 방법으로 손익분기점을 분석할 때에는 이러한 비용들을 고정 부분과 변동 부분으로 구분하여 각각 고정비용과 변동비용으로 포함시켜 계산을 한다. 여기서는 비용구조를 단순화하여 변동비용의 경우 생산량 한 단위당 발생되는 비용이 v라고 가정하고, 고정비용은 생산량과 관계없이 F가 발생한다고 가정하자.

이때 손익분기점인 생산량(판매량) Q를 구하는 공식은 다음과 같다.

$$Q = F/(P-v)$$

Q : 생산량(판매량)

F : 고정비용

$$P : \text{단위당 판매 가격}$$

$$v : \text{단위당 변동비용}$$

이 손익분기점에 판매 비용을 곱하면($Q \times P$) 손익분기점을 달성하는 매출액이 된다. 이 공식은 다음의 과정을 통해 도출되었다.

$$\text{순이익} = (\text{총매출액} - \text{총변동비용} - \text{고정비용}) \times (1 - \text{세율})$$

순이익을 0으로 놓으면,

$$\text{순이익} = (Q \times P - Q \times v - F) \times (1 - \text{세율}) = 0$$

$$Q \times (P - v) - F = 0$$

$$Q = F/(P - v)$$

예를 들어 기계 부품을 생산하는 어느 중소기업의 고정비용이 2,000만 원이고 부품은 개당 1만 원에 팔리며 부품의 개당 변동비용은 6,000원이라고 하자. 그러면 이 부품의 손익분기점은 2,000만 원/(1만 원 - 6,000원) = 5,000개가 된다. 이때의 손익계산서는 표 5.4와 같다.

그림 5.1은 이 중소기업의 생산량(판매량)에 따른 매출액, 고정비용과 변동비용의 합인 총비용, 그리고 순이익의 관계를 보여 주고 있다. 그림 5.1에서 볼 수 있듯이 고정비용은 생산량이 많을수록 총비용에서 차지하는 비중이 작아진다. 초기 벤처 기업은 생산량이 많지 않기 때문에 고정비용의 비중이 변동비용의 비중보다 높으면 상대적으로 생산 단가(=총비용/생산량)가 높아지게 되며 손익분기점이 커져

표 5.4 기계 부품의 손익계산서

매출액	50,000,000원
변동비용	30,000,000원
고정비용	20,000,000원
영업이익(EBIT)	0원
세금(34%)	0원
순이익	0원

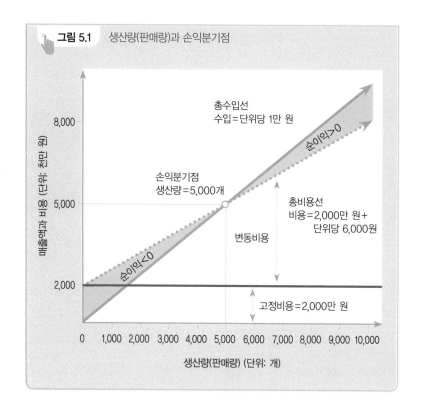

그림 5.1 생산량(판매량)과 손익분기점

서 이 손익분기점의 달성이 어려워진다.

위의 예에서 기계 부품을 생산하는 기업의 고정비용이 2,000만 원이 아니라 4,000만 원일 경우 이 부품의 손익분기점은 4,000만 원/(1만 원−6,000원)=10,000개로 늘어나게 된다.

기업은 손익분기점의 계산을 통해서 사업의 수익성을 점검해 볼 수 있다. 예를 들어 손익분기점이 시사하는 시장 점유율이 전체 시장 규모의 10%라고 했을 때 이 시장 점유율이 현실적으로 달성하기 어려운 목표라면 사업을 다시 생각해 보아야 한다. 그리고 손익분기점을 언제 달성할 수 있을지도 생각해 보아야 한다. 손익분기점의 달성이 늦어질수록 누적되는 손실이 커지기 때문이다. 마지막으로 기회비용의 측면에서 보았을 때 손익분기점은 투자자 입장에서는 사실상 손해를 보는 지점이라는 것을 기억해야 한다. 투자자는 같은 투자액을 은행에 예금했을 경우 이자 수익을 올릴 수 있는데 손익분기점에서는 0의 수익을 올렸으므로 기회비용의 측면에서 손해를 보고 있는 것이다.

실물 옵션

추정재무제표를 작성하여 재무 계획을 할 때 가정에 따라 항목들이 어떤 연관성을 가지고 변하는지 살펴보는 시나리오 분석과 함께 실물 옵션(real option)은 불확실성이 있는 상황에서 의사 결정을 위한 유용한 분석 도구이다. 통상적인 가치 평가 기법인 현금흐름할인법(DCF: Discounted Cash Flow)은 암묵적으로 기업의 프로젝트가 고정적이라고 가정하고 현금흐름을 예측한다. 이는 영업이 안정화된 성숙 기업에게는 어느 정도 타당성 있는 가정이지만 시장의 반응에 따라 끊임없이 사업의 행태를 변화시켜야 하는 벤처 기업에 대한 가정으로는 적합하지 않다.

그림 5.2는 제품의 테스트 결과에 따른 경영자의 의사 결정과 그로 인한 결과를 보여 주는 의사 결정 나무(decision tree)이다. 그림 5.2에서 보듯이 경영자는 프로젝트 진행 도중에 의사 결정을 통해 유연하게 사업의 방향을 변경할 수 있다. 이러한 경영자의 의사 결정 '권리'를 실물 옵션이라 한다. 경영자가 행사할 수 있는 실물 옵션은 크게

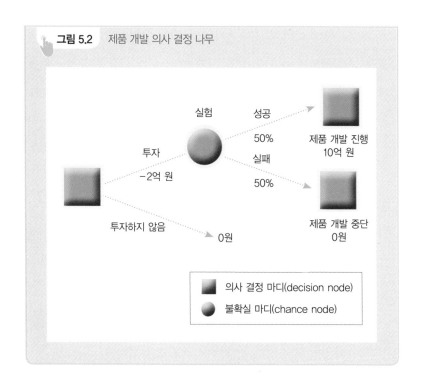

그림 5.2　제품 개발 의사 결정 나무

다음의 네 가지로 구분할 수 있다.

- 사업을 확장할 옵션: 과거 인터넷 초창기에 오프라인 업체들은 서둘러 너도나도 온라인 마켓에 뛰어들었었다. 당시 온라인 거래에 대한 저항이 남아 있던 시기라 고객은 확보되지 않았고 온라인 사업은 적자를 기록했지만 이들은 본격적인 온라인 거래 시대가 올 것이라고 기대하며, 온라인 사업을 확장할 옵션의 가치를 높이 평가하였다. 그리고 실제로 온라인 마켓의 거래가 오프라인 마켓 못지 않게 활발해진 시대가 왔다.
- 기다릴 옵션(타이밍 옵션): 경영자가 당장 투자를 하지 않고 불확실성이 해소될 때까지 기다릴 수 있는 옵션이 있다. 예를 들면 신약을 개발할 때 지금 당장 하지 않고 좀 더 많은 임상 테스트를 거쳐서 약의 효능과 시장성에 대한 보다 정확한 정보가 확보될 때까지 기다릴 수 있다. 또 부동산을 개발할 때에도 주위 지역이 상업지구가 될지 관광지가 될지 불확실성이 있다면 당장 개발하지 않고 불확실성이 해소될 때까지 기다렸다가 개발할 수 있다.
- 사업을 축소하거나 철수할 옵션: 그림 5.2의 예에서 처럼 수익성이 낮은 사업 분야는 사업을 축소하거나 철수하여 손실을 줄일 수 있다.
- 다양성의 옵션: 다양성의 옵션은 복합적인 옵션으로 제품이나 생산 방식에 다양성이 있으면 상황에 맞추어 거기에 가장 적합한 제품이나 생산 방식을 채택할 수 있는 옵션이다.

옵션이라는 것은 의무가 아니라 권리이기 때문에 항상 양(+)의 가치를 갖는다. 앞서 살펴보았듯이 기업의 발전은 단계별로 이루어진다. 어떤 기술이 실험실에서 실험하는 알파 테스트 단계, 개발된 시제품을 소수의 고객 대상으로 테스트하는 베타 테스트 단계, 시장을 본격적으로 확장하는 각각의 단계를 따로 떼어 놓고 평가하면 각각의 순현재가치(NPV: Net Present Value)[1]는 0보다 작아 투자에 부적합하다고 판단할 수 있다. 그러나 각 단계가 성공할 경우 사업을 확장할 수 있는 옵션의 가치와 성공하지 못할 경우 사업을 철수할 수 있는 옵션의 가치를 더한 가치는 0보다 클 수 있다. 이는 이 사업이 투자할 가치가 있다는 것이다.

투자 의사 결정 방법

여기서는 투자 의사 결정 방법 중 (1) 어떠한 투자가 얼마의 가치가 있는가의 관점에서 접근하는 순현재가치법, (2) 어떠한 투자가 얼마의 수익률을 내는가의 관점에서 접근하는 내부수익률법(IRR: Internal Rate of Return), (3) 어떠한 투자가 얼마나 빨리 투자 금액을 회수할 수 있는가의 관점에서 접근하는 회수기간법(payback period)을 간략히

---

[1] 어떤 프로젝트의 미래 기대현금유입을 요구되는 수익률(자본비용)로 할인한 현재가치에서 투자와 같은 기대현금유출을 요구되는 수익률(자본비용)로 할인한 현재가치를 차감한 값. 순현재가치(NPV)와 이를 활용한 투자 의사 결정 방법은 다음 절에서 보다 자세히 설명한다.

소개한다.

투자 의사 결정 방법 중 이론적으로 가장 정확한 방법은 현금흐름 할인법(DCF)에 따라 투자의 순현재가치를 구하여 순현재가치가 0이상이면 투자를 하고 0보다 작으면 투자를 하지 않는 것이다. 투자의 순현재가치는 어떤 투자 프로젝트의 기대현금흐름(기대현금유출입액과 그 시점)을 구한 후 이를 요구되는 수익률(자본비용)로 할인하여 구한다. 예를 들어 어떤 프로젝트가 현재 시점($t=0$)에 1,000만 원을 투자할 경우 1년 후($t=1$)에 400만 원, 2년 후($t=2$)에 600만 원, 3년 후($t=3$)에 200만 원의 현금 유입이 기대된다고 가정하자. 그림 5.3은 이 프로젝트의 기대현금흐름을 보여 준다.

여기서 미래의 현금흐름의 경우 불확실성이 존재할 수 있기 때문에 미래의 현금흐름은 기대값을 사용한다. 기대현금을 현재가치로 할인할 때 사용되는 요구수익률은 기다림에 대한 보상인 무위험이자율과 불확실성에 대한 보상인 위험 프리미엄(risk premium)의 합이다. 즉, 미래현금의 불확실성이 클수록 요구되는 수익률은 커지게 된다. 예를 들어 1년 후에 들어올 현금이 50%의 확률로 380만 원이고 나머지 50%의 확률로 420만 원인 경우와 50%의 확률로 350만 원이고 나머지 50%의 확률로 450만 원인 경우를 비교했을 때 두 경우 모두 현금흐름의 기대값은 400만 원이다. 그러나 후자의 경우 불확실성이 더 크기 때문에 요구되는 수익률도 더 크다. 앞 예시의 요구 수익률이 10%라고 가정했을 때 프로젝트의 순현재가치는 다음과 같다.

$$\text{NPV}_{10\%} = -1{,}000 + \frac{400}{1.1} + \frac{600}{1.1^2} + \frac{200}{1.1^3}$$
$$= -1{,}000 + 363.63 + 495.87 + 150.26$$
$$= 9.76$$

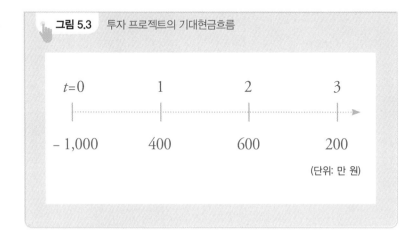

그림 5.3 투자 프로젝트의 기대현금흐름

$t=0$ 1   2   3

$-1{,}000$ 400   600   200

(단위: 만 원)

만약 프로젝트의 불확실성이 더 커서 요구수익률이 15%라 가정하면 프로젝트의 순현재가치는 다음과 같다.

$$\text{NPV}_{15\%} = -1{,}000 + \frac{400}{1.15} + \frac{600}{1.15^2} + \frac{200}{1.15^3}$$
$$= -1{,}000 + 347.83 + 453.69 + 131.50$$
$$= -66.98$$

여기서 요구수익률이 클수록 순현재가치가 작아지는 것을 알 수 있다. 요구수익률 10%를 가정했을 때 이 프로젝트의 순현재가치는 0보다 크므로 이 프로젝트에는 투자를 해야 한다.

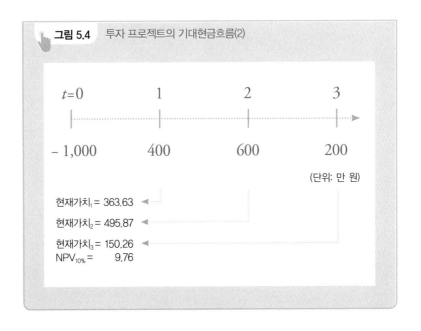

그림 5.4 투자 프로젝트의 기대현금흐름(2)

$$t=0 \qquad 1 \qquad 2 \qquad 3$$

$$-1,000 \qquad 400 \qquad 600 \qquad 200$$

(단위: 만 원)

현재가치$_1$ = 363.63
현재가치$_2$ = 495.87
현재가치$_3$ = 150.26
NPV$_{10\%}$ = 9.76

내부수익률(IRR)은 투자의 순현재가치를 0으로 만드는 수익률이다. 즉, 다음 고차방정식의 해이다.

$$\text{NPV}_{\text{IRR}} = -1,000 + \frac{400}{(1+\text{IRR})} + \frac{600}{(1+\text{IRR})^2} + \frac{200}{(1+\text{IRR})^3} = 0$$

내부수익률법에 따르면 이렇게 구한 내부수익률(IRR)을 프로젝트에 대한 요구수익률과 비교하는데 요구수익률보다 크면 투자를 하고 요구수익률보다 작으면 투자를 하지 않는다. 앞선 방정식에서 투자 프로젝트의 내부수익률은 10.6%[2]로 요구수익률 10%보다 크기 때문

---

2 내부수익률은 고차방정식의 해이기 때문에 일반적으로 재무용 계산기나 Excel의 IRR 함수를 이용하여 구한다.

에 투자를 해야 한다.

회수기간은 투자된 금액을 회수할 때까지 걸리는 기간을 의미한다. 회수기간법에 의해 어떤 정해진 기간보다 회수기간이 짧으면 투자를 하고 회수기간이 길면 투자하지 않는다. 위의 프로젝트는 2년 안에 회수해야 한다고 가정하자. 위의 프로젝트는 1,000만 원을 투자하여 1년 후 400만 원을 회수하고 2년 후 600만 원을 회수하여 누적 1,000만 원을 회수하므로 이 프로젝트의 회수기간은 2년이다. 따라서 이 프로젝트는 회수기간법에 따르면 투자에 적합하다.

회수기간법의 단점은 회수기간 이후의 수익을 무시한다는 것이다. 만약 2년 후에 600만 원이 아니라 500만 원만 회수할 수 있는 대신 3년 후에는 1,000만 원을 회수할 수 있다고 해도 회수기간법에 따르면 2년 안에 투자금액인 1,000만 원을 회수할 수 없으므로 이 투자 프로젝트는 기각된다. 그러나 자금 압박에 시달리는 초기 벤처 기업의 경우 이러한 회수기간법의 단점은 오히려 현실적일 수 있다. 투자자들이 정해 놓은 기간 이후에 아무리 큰 현금 유입이 예상되어도 투자자들이 그때까지 기다려 줄 의사가 없다면 기업은 운영을 할 수 없기 때문이다.

회수기간법의 또 다른 단점은 할인을 하지 않는다는 점이다. 위의 예시에서 이 프로젝트는 2년 후에 1,000만 원을 회수한다고 하지만 요구수익률이 10%일 때 이 1,000만 원의 현재가치는 약 860만 원($= \frac{400}{1.1} + \frac{600}{1.1^2}$)에 불과하다.

벤처 기업의 재무 관리

06

불확실성의 관리

충분히 긴 기간 동안 존속할 가능성이 높은 성숙 기업에 대해 가치 평가를 할 때는 계산의 단순화를 위해 일반적으로 기업이 영구히 존재한다는 가정하에서 기업의 가치를 평가한다. 그러나 이러한 가정은 초기 벤처 기업의 가치 평가에 있어서는 유효하지 않다. 대다수의 초기 벤처 기업은 충분히 긴 기간 동안 생존하지 못하기 때문이다. 벤처 기업은 성숙 기업과 대비해 다음과 같은 재무적 특성을 갖는다.[1]

● 비용 구조는 비교적 정확한 예측이 가능하지만 매출액에 대한 불확실성이 크다.
● 매출액순이익률이 80~100%에 달하는 수익성 높은 사업이다.
● 기업의 현금흐름은 J형태의 곡선을 그리며 성장한다.
● 기업의 성장 단계에 따라 단계적으로 자금을 조달한다.
● 설립 후 12~24개월 동안 자금 압박에 시달리며 이때 일시적인 자금 압박과 사업 실패의 판별이 어렵다.
● 기업 설립 후 이익이 안정되는 성숙 단계에 접어들어 회수가 가능한 시점까지 5~7년 정도 걸린다.
● 벤처 기업에 투자할 때 성공적인 회수의 경우 수익률이 매우 높지만 대부분의 투자는 손실을 본다.

---

1 Berkery, D./이정석 역, 2013, 스타트업펀딩, e비즈북스, p. 56.

모든 기업은 불확실성을 가지고 있지만 벤처 기업이 직면하는 불확실성은 성숙 기업보다 훨씬 더 크다. 투자자들은 이러한 불확실성에 대한 보상으로 벤처 기업에게 성숙 기업보다 더 많은 수익률을 요구하기 때문에 5년 후 똑같은 기업가치를 기대하더라도 벤처 기업에 대한 오늘의 가치 평가는 성숙 기업에 비해 낮을 수 밖에 없다. 투자자들은 보통 벤처 기업에게 투자금액 대비 더 많은 지분을 요구하는 방식으로 높은 수익률을 얻는다. 따라서 기업가는 불확실성을 줄이는 전략을 채택하여 오늘의 기업가치를 높이고 투자자의 몫으로 돌아가는 지분을 줄일 수 있다.

　　기업의 불확실성을 줄이는 한 가지 좋은 방법은 정보를 모으는 것이다. 시장에 대한 정보, 기술에 대한 정보, 경쟁사에 대한 정보 등을 수집하고 사업을 보다 객관적으로 평가하여 보다 예측력 높은 사업 계획서를 작성할 수 있다면 투자자들과의 협상에서 보다 높은 가치 평가를 받을 수 있을 것이다.

　　둘째로 기업은 자산에 대한 투자를 할 때 실패 가능성을 염두에 두고 의사결정을 해야 한다. 예를 들어 손실이 생길 경우에 추가적으로 자금을 조달하여 그 손실을 해결하기보다는 기존 자산을 매각하는 등 되도록 추가적 자금 조달 없이 손실을 해결하는 것은 사업 실패의 규모를 줄이는 한 가지 방법이다. 또한 되도록이면 처분 가치가 낮은 맞춤형 설비보다는 처분 가치가 높은 표준화된 장비를 활용하여야 한다. 처분 가격의 불확실성이 더 큰 구매보다는 리스(lease)를 활용하는 것도 불확실성을 관리하는 데 유리하다. 또한 생산에 있어서 고정비용보다는 변동비용의 비중을 높게 가져가는 것이 좋다. 손익분기점 분석에서 살펴보았듯이 변동비용에 비해 고정비용의 비중이 높으면 생산량이 적은 초기 벤처 기업의 경우 상대적으로 높은 생산 단가를 부담하게 된다. 또한 추정 생산량의 변화에 따라 영업이익의 규모가 민감하게 변하게 되어 불확실성이 커진다. 고정비용을 줄이기 위한 방법으로는 생산 설비나 판매망의 아웃소싱(outsourcing)이 있다. 또한 생산 방식에 있어서도 광범위한 제품의 대량 생산이 아니라 단일 제품 소량 생산으로 시작해서 차차 생산 라인을 확장해 나가는 방식으로 접근해야 한다.

마지막으로 시장의 변화에 대처하여 유연하게 피봇(pivot)[2]을 할 수 있어야 한다. 많은 벤처 기업들이 처음의 사업 계획과 다른 사업을 진행하는 피봇을 한다. 카카오의 경우도 카카오톡으로 성공하기 전 아이위랩 시절에 웹 사이트의 정보를 자신의 방식으로 정리하여 보관할 수 있는 부루닷컴(buru.com)과 어떤 질문에 대해 여러 사람의 의견을 모아 답을 찾아가는 위지아(wisia)의 실패를 거쳤다. 벤처 기업의 경우 피봇의 가능성이 열려 있어야 기업의 생존 가능성이 높아지는 것이다.

사실 전문적인 투자자에게서 투자를 받는 것 자체가 기업가의 입장에서는 금융 시장을 이용하여 위험을 분담하고 불확실성을 줄이는 방법이라고 볼 수 있다. 인적 자산을 포함하여 사실상 자신의 거의 모든

---

2 피봇은 Eric Ries의 책 린 스타트업(*The Lean Startup*)에서 나온 개념으로 제품이나 사업 계획 등 기업 경영의 근간을 점검하여 필요에 따라 이를 구조적으로 수정하는 것을 뜻한다.

개인 자산이 본인이 경영하는 기업에 묶인 기업가와는 달리 전문적인 투자자들은 한 기업에 그들이 보유한 자산의 일부만을 투자한다. 전문적인 투자자들은 위험 관리에 있어 전문성을 갖추고 있으며 분산투자를 통해 각 기업의 개별적인 위험(idiosyncratic risk)을 상쇄할 수 있다. 따라서 금융 시장의 전문적인 투자자가 부담하는 위험은 기업가 개인의 위험보다 적기 때문에 투자에 대해 상대적으로 적은 보상을 필요로 한다.

현금흐름의 관리

성숙 기업의 경우 기업의 영업활동에서 안정적으로 양(+)의 현금흐름, 곧 현금의 유입이 발생되고 있으며 과거의 이익에서 기업 내부에 유보한 현금이 있기 때문에 단기재무계획에 해당하는 현금과 재고자산의 관리가 비교적 안정적으로 이루어지고 있다. 그러나 벤처 기업의 경우 현금 유출에 비해 현금 유입이 불확실하기 때문에 현금흐름의 관리는 재무 관리의 핵심에 있다. 또한 벤처 기업의 매출이 급격히 성장할 때 매출의 성장에 따라 재고 등 운전자본에 대한 투자가 늘어나고 새로운 인력 고용과 설비 투자 등이 발생하면서 현금의 유출 또한 크게 늘기 때문에 자칫 현금의 대량 유출이 대량 유입 이전에 발생하는 위기에 직면할 수 있다. 더군다나 벤처 기업의 경우 갑작스럽게 자금을 조달해야 할 경우 그 비용이 매우 높기 때문에 앞으로 있을 투자나 예측 못할 상황에 대비하여 현금을 여유 있게 보유해야 한다.

현금흐름을 접근할 때 자칫 발생하는 현금의 액수를 정확하게 추정하는 데에만 집중하기 쉽다. 그러나 벤처 기업의 경우 현금 유출입의 정확한 시점 추정이 정확한 액수의 추정 못지 않게 중요하다. 당장 내일 아무리 많은 현금의 유입이 있어도 그것이 오늘의 지불의무를 해결해 주지 못한다면 회사는 파산 위기에 처하게 된다. 물론 내일 확실한 현금유입이 예상되는 상황이고 채무자도 그것을 안다면 채무자가 하루 정도 지불을 연기해 주도록 협상을 하거나 아니면 단기차입을 하여 오늘의 지불의무를 해결할 수 있을 것이다. 그러나 이런 식으로 부도의 상황을 모면하더라도 이자비용은 발생하게 된다. 채무자는 지불을 연기하는 대가로 오늘보다 내일 더 많은 금액을 지불하도록 할 것이며 단기차입을 할 경우에도 오늘 빌린 돈보다 내일 갚아야 할 돈이 더 클 것이다.

현금흐름의 관리는 기업의 운영에 소요되는 현금의 크기를 예상하고, 채권을 회수하고, 채무를 이행하고, 보유하고 있는 현금을 투자하는 것을 포함한다. 이상적인 금융 환경에서라면 기업은 현금을 최소로 보유하고 있어야 한다. 현금을 은행에 예치하는 등 어딘가에 투자를 하면 이자수익이 발생하는데 기업이 현금을 보유하고 있으면 그 이자수익만큼의 기회비용이 발생하고 있는 것이기 때문이다. 따라서 거래비용이 없는 이상적인 금융 환경일 경우 지불능력이 확실한 기업은 현금의 보유를 최소화하고 지불의무가 발생할 때마다 기존의 투자를 회수하거나 차입을 하여 지불하면 된다. 그러나 현실의 모든 투자 자산은 유동성 위험이 있다. 유동성이 높은 자산은 빠른 속도로 본래

가치만큼 현금화되지만 유동성이 낮은 자산은 제 가치로 현금화되지 못한다. 유동성이 높은 대표적인 자산은 은행의 자유입출금 예금이다. 유동성이 낮은 대표적인 자산은 부동산이다. 어느 날 갑자기 부동산을 현금화하려면 원래 가치보다 한참 할인된 헐값에 팔 수 밖에 없을 것이다. 대개 유동성이 높은 자산은 수익성이 낮고 유동성이 낮은 자산은 수익성이 높다. 은행 예금만 하더라도 입출금이 자유롭지 않은 정기 예금의 이자율이 자유입출금 예금의 이자율보다 높다. 따라서 기업은 여유 현금을 운용할 때 유동성과 수익성의 상충 관계를 고려하여 투자를 해야 한다.

차입 역시 거래비용을 수반한다. 정보비대칭이 없고 거래비용이 낮다면 투자자의 요구수익률 이상의 수익률이 기대되는 좋은 투자 기회는 반드시 투자를 받을 수 있어야 한다. 그러나 현실에서는 좋은 투자 기회도 투자를 받기 여의치 않을 때가 있다. 기업이 현금을 유보하는 이유 중 하나는 외부 투자 환경의 문제로 인해 좋은 투자 기회를 놓치지 않기 위해서이다. 그러므로 기업은 수익성을 높이기 위해 지나치게 많은 현금을 보유해서도 안 되지만 지불의무를 행하거나 투자 기회를 놓치지 않기 위해서는 일정량의 현금을 보유해야 한다. 기업은 현금 예산을 작성하여 미래의 현금흐름을 계획한다.

현금주기

본격적인 현금예산 수립에 앞서 기업의 현금흐름을 계획하기 위해서는 먼저 기업의 현금주기(cash cycle)를 이해해야 한다. 현금주기는 원

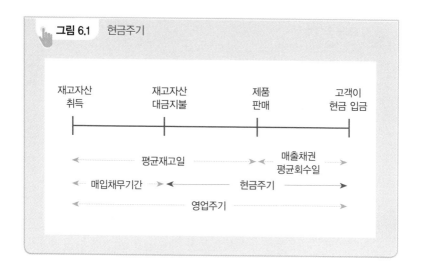

그림 6.1 현금주기

자재 공급자에게 대금을 지불한 시기부터 고객에게 현금을 받을 때까지의 기간을 일컫는다. 즉, 재고자산을 획득하여 판매에 이르기까지의 기간인 평균재고일(=365일/재고자산회전율)과 매출 발생 이후 고객이 현금을 입금하기까지의 기간인 매출채권평균회수일(=365일/매출채권회전율)의 합인 영업주기에서 재고자산을 획득하여 대금을 지불하기까지의 기간인 매입채무기간(=365일/매입채무회전율, 단, 매입채무회전율=매출원가/매입채무)을 제한 기간이다. 이 현금주기를 단축시키는 것이 현금흐름 관리의 주목적이다.

현금주기의 구성 요소를 살펴보면 매출채권(외상매입금), 매입채무(외상매출금) 및 재고의 관리가 현금흐름 관리의 핵심인 것을 알 수 있다. 매입채무에 대한 지출은 최대한 늦게, 매출채권의 회수는 최대한 빠르게, 재고는 최소한으로 가져가는 것이 현금흐름을 개선하는

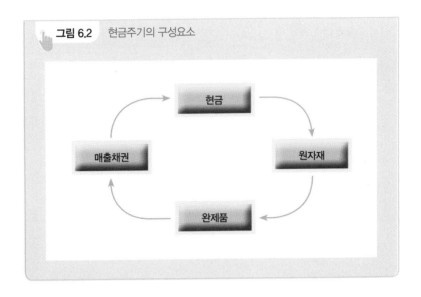

그림 6.2 현금주기의 구성요소

현금 → 원자재 → 완제품 → 매출채권 → 현금

비법이다.

기업의 현금흐름을 개선하기 위해서는 그 밖에도 되도록 고정적으로 나가는 지출을 줄이고, 현금의 유입과 유출 시점을 잘 맞추어서 기업에 현금이 부족한 시기(가령 설비 투자를 한 직후나 원자재 가격을 지불한 직후)에 대출 상환과 같은 현금 유출이 발생하는 것을 막아야 한다.

현금예산

현금예산은 다른 회계 예산이 발생주의에 따라 작성되는 것과 달리 실제 현금이 들어오고 나가는 시점을 중심으로 작성하는 현금주의에 따라 작성된다. 따라서 외상으로 매출이 발생했을 경우 발생주의에 따르면 그날이 바로 매출발생일이지만 현금주의에 따르면 매출채권이 회수되어 입금되는 날이 현금유입일이다. 마찬가지로 매입채무는 외상으로 매입이 발생한 날이 아니라 매입채무를 실제로 지급한 날이 현금유출일이다. 그리고 감가상각비와 같은 비현금 항목은 현금예산에서 제외된다.

초창기 기업은 일별, 주별, 월별로 현금예산을 작성하여 관리해야 하며 기업이 성숙함에 따라 월별 또는 분기별로 현금예산을 작성할 수 있을 것이다. 그러나 매출액이 급격히 변하는 등 어떠한 변화에 직면하면 보다 짧은 기간 단위로 현금 예산을 작성해야 한다.

재무상태표상에서 현금은 다음과 같다.

현금 = 장기부채 + 자기자본 + 유동부채 − 현금 외 유동자산 − 고정자산

따라서 장기채권의 발행, 주식의 발행, 유동부채의 증가, 재고자산의 감소, 고정자산의 매각은 현금을 증가시키고 채권의 상환, 배당, 자사주 매입, 단기차입금의 상환, 재고자산의 증가, 고정자산의 매입은 현금을 감소시킨다. 현금예산은 영업으로 인한 예상 현금뿐만 아니라 자본 조달과 관련된 현금 흐름(부채 및 자기자본의 증감, 즉 이자비용의 지급, 차입금 유입, 자본금 유입 등)을 포함하여 현금 유출입의 수준과 시기를 예측하고 계획하여야 한다.

표 6.1은 현금예산의 예이다. 표 6.1과 같이 현금예산은 매달 모든 현금의 유입 및 유출 상황을 보여 준다. 그 전달의 기말잔액은 이번 달의 기초잔액이 되고, 이번 달의 순현금 유출 또는 유입(현금과부족)과 기초잔액의 합은 기말잔액이 된다. 이것은 다음 달의 기초잔액으

표 6.1 현금예산

ABC(주)				
2014년 현금예산				(단위 : 만 원)
	1사분기	2사분기	3사분기	4사분기
매출채권 회수의 예측:				
기초 매출채권	200	310	280	220
매출	1,200	1,100	900	1,350
매출채권의 회수				
전기 매출 (30%)	250	360	330	270
당기 매출 (70%)	840	770	630	945
계	1,090	1,130	960	1,215
기말 매출채권	310	280	220	355
현금예산				
현금유입:				
매출채권 회수	1,090	1,130	960	1,215
기타	50	–	–	–
총유입	1,140	1,130	960	1,215
현금유출:				
매입채무의 지급	700	650	800	400
임금, 임대료 및 보험료	150	120	150	120
자본 지출	20	80	10	5
세금, 이자 및 배당	60	960	60	100
총유출	930	1,810	1,020	625
순현금유입	210	−680	−60	590
기초현금	800	1,010	330	270
순현금유입	210	−680	−60	590
기말현금(A)	1,010	330	270	860
최소현금보유액(B)	400	400	400	400
누적현금과부족(A − B)	610	−70	−130	460

로 이어진다. 그리고 기업은 불확실성에 대비하여 최소현금보유액을 설정하는데 기말잔액과 이 최소현금보유액의 차이가 누적현금과부족이 된다. 누적현금과부족이 플러스(+)의 값을 가지면 단기 자금 투자 계획을 세우고 누적현금과부족이 마이너스(−)의 값을 가지면 단기 자금 조달 계획을 세워야 한다.

현금예산은 다음과 같은 방식으로 작성된다.

1. 매출액 예측
2. 현금유입의 예측: 매출액 발생 이후 실제로 현금이 들어올 때까지의 기간 즉, 회수기간을 염두에 두어야 한다. 회수기간의 단축을 위해 지불기한이 지난 매출채권의 회수 방편을 마련해야 한다. 때로는 채권추심전문가의 도움을 받을 수 있다.

표 6.1에서 ABC(주)의 경우 매출은 모두 외상매출로 발생하여 매출채권으로 인식되는데 매출채권의 경우 당기에 70%가 회수되고 그 다음 기에 30%가 회수된다고 가정하였다. 따라서 2/4분기의 경우 2/4분기 매출 1,100만 원의 70%인 770만 원과 그 전기인 1/4분기의 매출 1,200만 원의 30%인 360만 원의 합 1,130만 원이 2/4분기의 매출채권 회수에 따른 현금유입으로 예상된다.

매출채권 계정의 경우 기초의 매출채권에 당기의 매출을 더하고 당기 매출채권의 회수금액을 차감하면 기말 매출채권이 되며 이는 그 다음 기의 기초 매출채권이 된다.

매출채권의 회수에 따른 현금유입과 장기채권의 발행, 주식의 발행, 유동부채의 증가, 재고자산의 감소, 고정자산의 매각 등에 따른 기타 현금유입을 합하면 그 기의 현금유입이 된다. ABC(주)의 경우 2/4분기에 기타 현금유입은 발생하지 않을 것으로 예상하여 총유입은 매출채권의 회수 금액과 동일한 1,130만 원을 예측하였다.

3. 현금유출의 예측: 원자재 구입비, 판매비 및 간접비, 임대료, 차입금 상환, 보험료, 세금 등을 최대한 정확히 추정한 후 약 25~50%의 여유분을 더해 주는 것이 안전하다. 어떠한 지출은 예산 기간마다 고르게 분배되지만 어떠한 지출은 생산과 연동하여 주기성을 가지고 변동한다. 표 6.1의 ABC(주)의 경우 임금, 임대료, 보험료가 주기성을 가지고 발생하는 것을 알 수 있다. 즉, 1/4분기와 3/4분기에는 150만 원이 발생하고 2/4분기와 4/4분기에는 다소 적은 120만 원이 발생한다. 그리고 자본지출과 세금, 이자 및 배당의 항목은 분기별로 고르게 분배되지 않고 변동성이 큰 것을 알 수 있다.

ABC(주)의 2/4분기 현금유출은 매입채무의 지급에 따른 650만 원과 임금, 임대료 및 보험료 120만 원, 자본지출 80만 원, 그리고 세금, 이자 및 배당으로 지출된 960만 원의 합인 1,810만 원으로 예측되었다.

4. 기말현금 잔액 추정: 당기의 현금유입에서 유출을 차감하여 현금과부족을 계산한 후 기초현금 잔액에서 현금과부족을 합하면

기말현금 잔액이 된다. 여기에 최소현금보유액을 추가적으로 고려하여 차감한 후 그 잔액인 누적현금과부족이 플러스(+)이면 투자 계획을, 잔액이 마이너스(-)이면 자본 조달 계획을 세우거나 혹은 회수 시기를 앞당기거나 지급 시기를 미룰 방편을 모색한다. 만일 대출을 통해 추가적인 자본 조달을 할 경우 이번 기의 대출로 인한 현금유입은 다음 기의 현금유출과 연결된다.

산업에 따라서 현금흐름은 계절성을 지니기도 한다. 이러한 경우 기업의 현금잔액은 주기적으로 크게 변동한다. 현금예산에서 여유 현금이 생기는 경우에는 은행의 양도성 예금증서(CD)나 기업 어음 단기채권 등과 같이 이자가 있는 금융 상품에 현금을 투자할 수 있다. 현금이 부족할 때에는 이러한 투자자산을 현금화하거나 신용 대출, 단기 은행 대출을 받아 부족분을 채울 계획을 세워야 한다.

ABC(주)의 경우 2/4분기에 기초현금은 1,010만 원으로 예상되며 2/4분기의 현금의 총유입은 1,130만 원을, 총유출은 1,810만 원을 예측하여 순현금유입은 680만 원의 순유출을 예상한다. 따라서 기말현금 잔액은 1,010만 원에서 680만 원을 차감한 330만 원을 예상한다. ABC(주)는 최소 400만 원의 현금을 보유하고자 하므로 2/4분기에는 330만 원과 400만 원의 차액인 70만 원(누적현금과부족)을 추가로 조달해야 3/4분기에 최소 현금 보유액인 400만 원을 유지할 수 있다.

또한 ABC(주)의 누적현금과부족을 살펴보면 1/4분기와 4/4분기에는 플러스(+)의 값으로 여유 현금이 발생하고, 2/4분기와 3/4분기에는 마이너스(−)의 값으로 현금 부족이 발생할 것으로 예상한다.

벤처 기업의 가치 평가

벤처 기업들은 고성장 기업인데다 전통적인 제조업에 비해 설비와 재고, 운전자본으로 소요되는 자금이 상대적으로 작으며(즉, 자본 집중도가 낮으며), 매출액순이익률이 80~100%에 달할 정도로 높다. 벤처 기업은 이러한 특성 때문에 투자자들에게 좋은 투자 기회가 된다. 기업의 총자산수익률(ROA)은 다음과 같이 나타낼 수 있다.

총자산수익률(ROA)＝당기순이익/총자산＝(당기순이익/매출액)/
(총자산/매출액)＝매출액순이익률/자본집중도

즉, 매출액순이익률이 높을수록 그리고 자본집중도가 낮을수록 총자산수익률은 높아진다. 또한 기업의 성장성이 높을수록 시장가치 대장부가치 비율(M/B)이 높다. 즉, 성공적인 벤처 기업은 높은 수익성을 갖는다는 것이다.

이렇게 매력적인 투자처인 벤처 기업에 대한 가치 평가는 어떻게 이루어질까? 성숙 기업 가치 평가의 정석은 현금흐름할인법(DCF)이다. 이를 위해 앞서 살펴본 추정재무제표의 작성을 통해 기업가치 평가를 위한 기대현금흐름을 추정하고 시장의 무위험이자율과 위험 그리고 기업의 자본 구조를 고려하여 적정 할인율을 계산할 것이다. 따라서 현금흐름할인법을 적용하기 위해서는 회사의 안정적인 성장 시나리오가 필요하다. 성숙 기업의 경우 기대주당순이익과 주가순이익 비율 또는 기대주당매출액과 주가매출액비율을 이용하여 간단하게 주가를 어림짐작해 볼 수도 있다. 그러나 앞서 살펴본 것처럼 벤처 기업의 추정재무제표는 신뢰성이 크게 떨어지며 초기 벤처 기업의 대부분이 오랜 기간 순손실을 기록하고 안정적인 매출이 있기 전 단계에 있는 경우도 많기 때문에 이러한 통상적인 방법은 사용하기 어렵다.

통상적인 가치 평가 기법들이 적용되지 않음에도 불구하고 숙련된 투자자들은 주어진 벤처 기업에 대해 비슷한 가치 평가를 내린다. 그리고 벤처 기업에 대한 투자 의사 결정은 미래에 벤처 기업이 성공했을 때의 가치에 대한 기대를 바탕으로 다음과 같은 과정을 거쳐 진행된다.[3]

(1) 오늘의 투자금액은 얼마인가?

(2) 회수가치는 얼마인가?

(3) 목표투자배수는 얼마인가?

(4) 기대유보율은 얼마인가?

(5) 총기업가치의 현재가치 = 회수가치 × 기대유보율/목표배수

(6) 오늘 제안된 지분율은 얼마인가?

---

[3] Metrick, A., and A. Yasuda, 2007, *Venture capital and the finance of innovation*, John Wiley & Sons.p. 184.

(7) 투자의 가치＝총기업가치의 현재가치×제안된 지분율

(8) 투자 여부의 결정: (7)에서 구한 투자의 최대가치와 (1)의 투자금액을 비교하여 투자의 가치가 더 크면 투자한다. (1)의 투자금액은 다른 투자자와의 경쟁에서 이길 수 있는 최저 투자금액 및 기업가의 기대투자금액을 고려하여 결정한다.

예를 들어 회수가치는 1,000억 원, 목표투자배수는 10배, 기대유보율은 50%인 투자가 있다고 하자. 오늘 총기업가치의 현재가치는 (5)의 공식에 따라 1,000억 원×50%/10＝50억 원이다. 오늘 제안된 지분률이 30%이면 투자의 가치는 50억 원×30%＝15억 원이다. 따라서 오늘의 투자금액이 15억 원보다 작으면 이 투자는 적합한 투자이며 오늘의 투자금액이 15억 원보다 크면 투자를 반려한다.

위의 과정에서 등장한 벤처 기업 가치 평가의 주요 요소는 다음과 같다.

- 회수가치: 성공적인 회수가 일어나는 그 시점의 기업가치이다. 벤처 기업이 기업 공개(IPO)를 하거나 기업 공개를 했을 때와 비슷하게 높은 가치로 다른 기업에 인수될 때 성공적인 회수가 일어났다고 본다.

- 성공적인 회수에 대한 목표투자배수(target multiple of money): 목표투자배수는 회수가치/투자금액으로 정의되며 보통 5년 안에 10배 회수, 20배 회수와 같은 형식으로 목표투자배수를 설정

한다. 목표투자배수가 내포하는 투자에 대한 자본비용 r(현금흐름 할인법을 적용할 때의 할인율)은 다음과 같이 도출할 수 있다.

먼저 실패한 회수의 기대가치를 0으로 놓았을 때 회수 시점의 기대가치는 다음과 같다.

회수 시점의 기대가치＝회수가치×성공 확률 p

만약 회수의 기대 시점이 T년 이후이고 향후 기업의 추가적인 자금 조달이 없다면 회수의 현재가치는 회수 시점의 기대가치를 자본비용 r로 할인하여 다음과 같이 구할 수 있다.

회수의 현재가치＝(회수가치×p)/$(1+r)^T$

오늘 회수의 현재가치만큼 투자를 한다고 가정할 때 목표투자배수 M과 자본비용 r의 관계는 다음과 같다.

$$1/M = p/(1+r)^T$$

3. 기대유보율: 투자자의 입장에서는 현재 투자 시점부터 성공적인 회수까지 지분율을 유지하려면 기업이 새로 주식을 발행하여 추가적 자금 조달을 할 때마다 투자에 참여해야 한다. 기대유보율은 이러한 추가적인 자금 투자를 제외하였을 경우 회수 시점에 현재 투자의 지분율이 얼마나 희석되는지에 대한 예상 수치이다. 미국의 Sand Hill Econometrics 데이터베이스에 의하면 첫 번째 라운드(A라운드) 투자의 유보율은 약 50%이다. 즉, 첫 번째

투자 시 지분율이 30%였으면 회수 시점의 지분율은 약 15%로 희석되어 있다.

따라서 회수가치가 투자에 적합한 것으로 판단되었을 때 그 다음 고려해야 할 것은 다음 라운드 투자 때의 기업가치이다. 다음 라운드의 투자가 진행되면 필연적으로 현재의 투자로 확보한 지분은 희석되는데, 초기 평가 때보다 기업이 충분히 성장하지 못하면 손해를 입게 된다. 두 번째 라운드(B라운드)에서 투자자들의 목표투자배수는 약 6~7배 정도 되고 기업 공개(IPO) 전 투자 라운드에서는 3~5배 정도 된다. 따라서 A라운드 투자자의 경우 보통 12~18개월 후 진행될 다음 라운드에서 기업의 가치가 100% 이상 성장하지 않으면 문제가 된다. 기업가는 어느 시점에서나 본인의 기업이 최대의 가치로 평가받기를 원하지만 초기에 너무 높은 가치를 평가받으면 다음 라운드의 자금 조달에 걸림돌이 될 수 있는 것이다.

회수가치

위의 벤처 기업 가치 평가의 주요 요소 중에서 가장 중요한 요소는 바로 회수가치이다. 초기 투자자들은 기업의 회수 시점에 보통 10~20배 수준의 목표투자배수를 염두에 두고 그에 부합하는 할인율을 적용한다. 즉, 추산된 회수가치를 목표투자배수인 10~20으로 나누어 현재의 투자를 결정하기 때문에 정확한 회수가치 추산보다는 대략적 규모의 추정이 더 중요하다. 반면 목표투자배수가 작은 후기 투자자들에게는 보다 정확한 가치 평가가 요구된다.

투자자들은 우선 회사가 성공하였을 때 회수 시 최대 가치가 5,000억 원인지 1,000억 원인지 아니면 500억 원인지 경험에 의해 그 규모를 판단하는데 숙련된 투자자들의 경우 대개의 평가 결과는 서로 일치한다. 이는 그 기업과 유사한 기술을 갖추고 있거나 유사한 시장을 목표로 하는 다른 기업들에 투자한 경험을 바탕으로 회수가치를 추정하기 때문이다. 투자자들은 기업을 평가할 때에 기업이 독립적으로 자생할 수 있는지의 여부도 중요하게 본다. 만일 어떤 기업의 생존이 기존 대기업에 의존한다면 그 기업의 가치는 대기업의 지배를 받게 되어 회수 시점에 시장에서 가치를 높게 평가받기 어렵다. 이 때문에 기업공개가 가능한 기업만이 투자할 가치가 있다. 투자한 기업이 결과적으로 다른 기업에 인수 합병되더라도 투자 당시에 기업 공개의 가능성이 없어서는 안 된다. 따라서 회수가치를 판단할 때는 기업의 자체 경쟁력과 인수 프리미엄을 결정하는 다음의 요소를 고려한다.

- 유사한 상장 기업의 가치 또는 인수 합병된 유사한 기업의 가치
- 시장의 규모
- 사업의 장기 성장성
- 유사한 기업의 매출액순이익률 및 자본집중도
- 잠재적 인수자에게 갖는 전략적 가치(인수자의 경쟁사에 넘어갈 경우 위협이 되거나 인수자의 제품을 대체할 가능성이 있거나 반대로 판매를 촉진할 때)

- 경쟁사와의 제품 및 서비스의 차별화 수준
- 잠재적 인수자의 수
- 독보적 기술력

한국 시장에서 벤처 기업이 기업 공개를 하기 위한 코스닥 및 코넥스 시장의 상장 요건은 표 6.2와 표 6.3과 같다.

초기 투자자는 회수가치가 큰 규모의 투자에만 투자를 한다. 회수가치가 1,000억 원일 경우 목표투자배수가 10~20배라 하고 기대 유보율 50%를 적용하면 총기업가치의 현재가치는 25~50억 원 수준이다. 첫 번째 라운드 투자의 지분율이 보통 30% 정도인 것을 감안하면 초기 투자금액은 7.5~15억 원 수준이 된다. 미국 벤처캐피탈의 경우 보통 1,000~2,500억 원 규모의 회수가치가 있는 기업을 대상으로 투자하고 회수가치가 500억 원 이하인 투자는 투자 규모가 너무 작은 것으로 본다.

한국의 경우도 주로 기업의 발전 단계 중 2단계(베타 테스트~본격적인 판매 증가 이전)에 행해지는 A라운드 투자의 경우 수억 원 내외의 수준에서 이루어지며 지분율은 15~30% 정도이다. 목표투자배수와 기대유보율이 미국과 비슷한 수준이라면 한국의 초기 투자자가 투자 대상으로 하는 기업의 회수가치도 미국과 비슷한 1,000~2,000억 원 규모로 추정된다.

표 6.2 코스닥 시장 상장 요건(2014.6.18 개정 규정 기준)

요건		일반 기업	벤처 기업	기술 성장 기업
설립 후 경과 년수		3년 이상	미적용	미적용
규모 (① or ②)	① 자기자본*	30억 원 이상*	15억 원 이상*	10억 원 이상*
	② 기준시가총액	90억 원 이상		
지분의 분산		다음 요건 중 택일 1) 소액 주주 500명 이상, 지분 25% 이상 & 청구 후 모집 5% 　(25% 미만시 10%) 2) 자기자본 500억 이상, 소액 주주 500명 이상 　청구 후 모집 지분 10% 이상 & 규모별 일정 주식 수 이상 3) 공모 25% 이상 & 소액 주주 500명		
자본 상태*		자본잠식* 없을 것 (※ 대형 법인 미적용)		자본잠식율 10% 미만
감사 의견		최근 사업 연도 적정일 것 (연결재무제표 작성 대상 법인의 경우 연결재무제표에 대한 감사 의견 포함)		
경영 성과		계속 사업 이익 시현 (※ 대형 법인 미적용) (연결재무제표 작성 대상 법인의 경우 연결재무 제표 기준)		미적용
이익 규모*, 매출액** & 시가 총액		다음 요건 중 택일 1) ROE* 10% 2) 당기순이익* 20억 3) 매출액** 100억 　& 시가 총액 300억 4) 매출액 증가율 20% 　(& 매출액 50억)	다음 요건 중 택일 1) ROE* 5% 2) 당기순이익* 10억 3) 매출액** 50억 　& 시가 총액 300억 4) 매출액 증가율 20% 　(& 매출액 50억)	미적용
최대 주주 등 지분의 매각 제한		6월		1년
기타 외형 요건		주식 양도 제한이 없을 것		

* 연결재무제표 작성 대상 법인의 경우에는 연결재무제표상 자기자본(자본금)을 기준으로 하되 비지배
　지분은 제외
** 재화의 판매 및 용역의 제공에 한함(단, 지주 회사는 연결재무제표 기준)
주 1) ROE(자기자본이익률)＝당기순이익/자기자본×100
주 2) 기술 성장기업: 전문기관 기술평가(복수) 결과 A등급 이상인 기업(녹색 인증 기업은 단수)
주 3) 대형 법인: 자기자본 1,000억 원 또는 기준시가총액 2,000억 원 이상 기업(상장 예비 심사 청구
　일 현재)

출처: 한국 거래소(KRX)

표 6.3 코넥스 시장 상장 요건(외형 요건)

구분	내용	비고
재무 내용	1) 매출액 10억 원 이상 2) 자기 자본 5억 원 이상 3) 순이익 3억원 이상	택일
주권의 양도 제한	정관 등에 양도 제한의 내용이 없을 것 ※ 다만, 타 법령에 의해 제한되는 경우로서 그 제한이 코넥스 시장에서의 매매 거래를 저해하지 않는다고 인정되는 경우에는 예외	
감사 의견	최근 사업 연도 감사 의견이 적정일 것	
합병 등	합병 등(중요한 영업 양수도 포함)을 한 경우 그 이후 결산이 확정되었을 것 ※ 다만, 합병 등의 완료일 이후 사업 연도 잔여 기간이 3월 미만일 경우 다음 연도 반기 재무제표에 대한 감사 보고서 제출	
액면가액	100원, 200원, 500원, 1,000원, 2,500원, 5,000원 중 하나일 것	액면 주식에 한함

출처: 한국 거래소(KRX)

회수가치의 추정 – 현금흐름할인법

보다 엄밀하게 회수가치를 추정하는 한 가지 방법은 현금흐름할인법이고 다른 한 가지 방법은 비율 분석이다. 현금흐름할인법이 절대적 가치 평가 방법이라면 비율 분석은 상대적 가치 평가 방법이다.

현금흐름할인법은 기업의 기대현금흐름(기대현금유출입액과 그 시점)을 구한 후 자본비용으로 할인하여 현재가치를 구한다. 앞서 논의한 것처럼 벤처 기업의 가치를 현금흐름할인법으로 구하는 데에는 무리가 있다. 그러나 회수가치는 벤처 기업이 성공적으로 성장하여 사업이 안정되었다는 전제하의 기업가치이기 때문에 현금흐름할인법을 적용할 수 있다. 먼저 현금흐름할인법에서 기업의 (자산으로부터의) 현금흐름은 다음과 같이 정의된다.

현금흐름(CF: Cash Flow) = 영업이익(EBIT) + 감가상각비 − 세금

− 순자본지출 − 순운전자본 변화

순자본지출 = 고정자산의 매입에 따른 (세후) 현금유출

− 고정자산 매각에 따른 (세후) 현금유입

순운전자본 변화 = 기말 순운전자본 − 기초 순운전자본

할인율이 r일 때 t기 초에 발생하는 현금흐름 CF_t의 현재가치(PV: present value)는 다음과 같다.

$$PV = CF_t/(1+r)^t$$

그러면 회수 이후의 기업은 어떻게 성장하는가? 기업은 기업 공개 (IPO) 이후에도 약 3~10년 정도의 고성장 시기를 거친 이후에 안정적인 성장을 하게 된다. 따라서 기업 공개 이후 고성장 기간 동안은 각 기마다 기업의 현금흐름을 예측한 후 각각 할인하여 현재가치를 구하고 그 이후의 현금흐름은 영구 성장 현금흐름의 계산법을 통해 계산한다. 다음 기 초에 X의 현금흐름이 발생하고 그 이후에 성장률 g로 성장하는 영구 성장 현금흐름을 가정할 때 이 영구 성장 현금흐름의 현재가치는 다음과 같다. 단, 할인율 r은 현금흐름의 성장률 g보다 크다.

$$PV = X/(r-g)$$

따라서 고성장이 끝나는 n기 말 기준 기업의 현재가치는 $X/(r-g)$ 이다. 이를 고성장 시기 현금흐름의 현재가치와 함께 합산하면 회수 시점을 T기 초라고 할 때 T 시점의 기업가치, 즉 회수가치는 다음과 같다.

$$PV_T = \frac{CF_{t+1}}{1+r} + \frac{CF_{t+2}}{(1+r)^2} + \cdots + \frac{CF_{t+n}}{(1+r)^n} + \frac{X/(r-g)}{(1+r)^n}$$

사실 현금흐름할인법에 사용된 모든 변수들 ─ 고성장기간의 현금 흐름 규모, 예상 고성장기간, 고성장기간 이후의 성장률 및 자본비용 ─의 추정은 쉽지 않다. 보다 현실성 있는 현금흐름할인법의 적용을 위해 다음 사항을 검토해 보아야 한다.[4]

1. 회수 시점의 기업 예상 수익을 성공적으로 회수된 다른 기업들의 평균 수익과 비교해 본다.
2. 예상 현금흐름을 도출하기 위한 회계상의 비율을 동종 업계 평균이나 통상적인 상식과 비교해 본다.
3. 할인율을 산업 평균이나 비교 대상 기업들과 비교해 본다.
4. 저성장 단계에서의 성장율은 기대 인플레이션율과 같다고 본다.

---

4 Metrick, A., and A. Yasuda, 2007, *Venture capital and the finance of innovation*, John Wiley & Sons, p. 207–208.

즉, 실질 성장율은 0으로 설정한다.

5. 저성장 단계에서의 매출액순이익률과 자본비용을 산업 평균으로 지정해 본다.

6. 고성장 시기는 평균적으로 5~7년이다.

7. 고성장 시기의 성장률은 같은 업종에서 기업 공개를 기업의 통계를 활용하되 보수적으로 상위 75백분위 수 정도의 수준으로 설정한다.

8. 기업 공개 이후 고성장 시기에서 저성장 시기로 넘어갈 때까지 매출액순이익률, 세율 및 자본비용이 매년 조금씩 동일하게 변화하도록 설정한다.

회수가치의 추정 - 비율 분석

비율 분석을 위해서는 비교 대상 기업의 선정이 중요하다. 되도록 안정기에서의 투자 기회와 할인율, 세율이 비슷한 기업을 찾는 것이 좋다. 즉, 동종 산업에서 비슷한 투자 기회를 갖고 있으며 장기 매출액순이익률과 생산성이 비슷한 기업을 찾아 보아야 한다. 비율 분석에서 널리 사용하는 배수들은 다음과 같다.

1. 기업가치(EV)/영업이익(EBIT)

2. 기업가치(EV)/이자, 법인세비용 및 감가상각비 차감 전 순이익 (EBITDA)

3. 기업가치(EV)/매출액

4. 주가순이익비율(PER)

5. 시장가치 대 장부가치 비율(M/B)

6. 기업가치(EV)/피고용인 수

회수시점에 각 배수의 분모에 해당하는 항목의 추정치에 비교 대상 기업의 비율을 적용하여 분자에 해당하는 항목 — 기업가치(EV), 주가, 주식의 시가총액 — 을 구할 수 있다.

기업가의 투자 협상 전략

투자를 유치하려는 기업들은 투자자와 협상을 준비할 때 어떻게 하면 기업의 가치를 높게 평가받을 수 있을까? Berkery(2013)는 다음과 같은 전략을 제안하였다.

우선 정보를 모아 불확실성을 줄이는 것이 기본이다. 장기 재무 계획을 잘 짜야 하고 특히 1~2년 사이의 단기 계획을 상세하게 보여 주어야 한다. 투자자들은 수익에 대한 계획은 믿지 못하더라도 지출 계획은 이후에 있을 투자 라운드에 대한 대비를 위해 꼼꼼히 검토할 것이다.

또한 높은 회수가치를 예상하게 하는 좋은 사례를 구성하여야 하고 기업의 목표를 달성하기 위해 어떠한 팀 구성을 해야 하는지, 현재의 팀 구성과 비교했을 때 부족한 점이 어떤 것이며 투자 이후 구체적으로 어떤 사람을 영입할 것인지를 명확히 해야 한다. 이는 투자를 받은 이후에 인재 영입이 수월해지기 때문이다. 그리고 상장된 기업이나 어느 정도 자리를 잡은 기업의 가치에 대해 연구하여 시장에서의 포지셔닝과 보유 기술 등에서 그들과 차별화되는 점이 어떤 것인지 집중적으로 표현할 수 있어야 한다. 마지막으로 다른 투자자들도 관심을 보이는 투자라는 인상을 줄 수 있어야 한다.

현금예산과 기업가치

신생 기업의 '표준 사업 계획서'에 있는 재무 계획은 보통 3~5년 사이의 예상 매출, 비용, 현금예산을 제시한다. 기업은 J모양의 곡선을 그리며 성장하여 손익분기점을 3~4년 안에 통과하고 5년 정도 후에는 어느 정도 규모의 매출을 달성하는 것을 목표로 한다. 이때 매출액에 대한 예측은 근거가 미약하지만 비용지출에 대한 근거는 비교적 분명하다. 기업가는 현금예산에 근거하여 최대 소요자금에 여유분을 더해 자금을 조달하려고 한다.

기업의 사업 계획서를 접하는 투자자들은 그림 6.3과 같이 보통 기업가들에 비해 더 보수적인 J형태의 곡선을 설정한다. 즉, 최대소요자금은 더 크고 손익분기점은 더 천천히 달성하는 J형태의 곡선을 그리는 것이다. 매출이 발생하기 전까지의 소요 시간과 손익분기점까지의 소요 시간이 조금만 조정되어도 최대소요자금은 유의미하게 증가할 수 있다.

초기 투자자는 투자금액의 최소 10배 이상 수익을 요구하기 때문에 회수가치는 최소한 최대소요자금의 10배가 되어야 한다. 기업은 여러 차례에 거쳐 단계적으로 자금을 조달하는데 이때마다 기업가치가

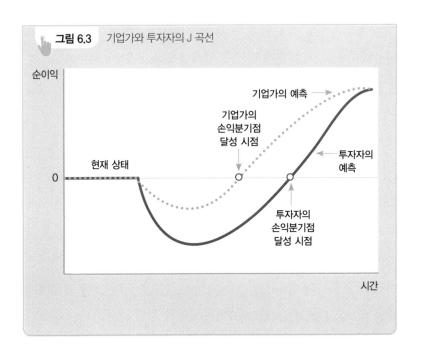

그림 6.3 기업가와 투자자의 J 곡선

순이익

기업가의 예측

기업가의
손익분기점
달성 시점

투자자의
예측

현재 상태

0

투자자의
손익분기점
달성 시점

시간

충분히 커지지 않으면 초기 투자자는 손해를 보게 된다. 이상적인 시나리오에서는 기업이 각각의 성장 단계를 지연 없이 성공적으로 달성해 가면서 12~18개월마다 새로운 투자를 유치하고 성장해 나가는 것이다.

투자자 입장에서 가장 안 좋은 투자는 기업의 발전 단계에서 후반부에 회사가 실패하는 경우이다. 다행히 실패하는 대부분의 기업들은 비교적 일찍 실패를 한다. 그러나 성공적인 회사들도 초기에는 제품 개발이 지연되거나 시장 점유율이 빠르게 올라가지 않거나 주요 인력이 이탈하는 등 어려움을 겪기 마련이다. 투자자와 기업가는 실패하는 사업과 일시적 자금 압박에 시달리는 사업을 객관적으로 판단할 수 있어야 손실을 최소화할 수 있다.

현실에서 다음 성장 단계로 발돋움하기 위해 일차적으로 필요한 자금을 조달한 이후 다음 자금조달까지의 12~18개월을 버티기는 쉽지 않다. 종종 다음 성장 단계로의 도약은 지연되고 당장 직원의 월급이나 임대료 등 고정비용을 지급할 자금도 부족하게 된다. 이때 기업가는 바로 다음 라운드를 준비할 것인지, 아니면 소위 SI(System Integration)와 같은 외부 용역이나 정부 과제 등을 통해 현금을 발생시키거나, 상황이 나아지기를 좀 더 기다릴 것인지 선택해야 한다. 이 문제에 정답은 없다. 기업이 불리한 상황에서 자금 조달을 할 경우 높은 가치 평가를 받을 수 없으며 계약에는 기업가에게 불리한 조항들이 붙을 수 있다. 이는 이 위기를 넘긴 후 다음 라운드 자금 조달 및 앞으로의 기업 성장에 걸림돌이 될 수 있다. 한국에서는 많은 벤처 기업들이 외부 용역을 수행하며 위기 상황을 버틴다. 그러나 외부 용역의 수행은 기업의 핵심 역량의 분산을 가져와 다음 단계로의 도약을 더욱 지연시킬 수 있으며, 처음 비전과 다른 사업의 전개로 인해 인력의 이탈을 가져올 수 있는 등 기업에 적지 않은 부담을 줄 수 있다.

또한 자금 조달은 필요한 자금만 받는 것이 원칙이지만 시장의 자금 상황은 수시로 바뀌므로 시장이 좋을 때 되도록 자금을 많이 조달해 두는 것도 나쁘지 않다. 즉, 자금 조달은 기업의 가치 평가와 외부 시장 상황에 대한 고려를 함께 해야 한다. 그러나 여유 있는 자금 조달은 자칫 방만한 경영을 불러올 수 있다. 기업가는 오늘의 여유로운 자금 조달이 다음 기의 더 큰 성공을 담보로 하고 있다는 것을 명심해야 한다.

벤처캐피탈과
벤처 기업의 자금 조달

07

벤 처 기업의 주된 자금 조달원은 벤처캐피탈이다. 따라서 벤처 기업에 투자되는 자금의 속성을 이해하기 위해서는 벤처캐피탈 산업을 살펴볼 필요가 있다. 여기서는 벤처캐피탈과 다른 금융 기관이 차별화되는 특성을 알아보고, 벤처캐피탈의 역할과 벤처캐피탈 산업의 발전 과정을 역사가 가장 길고도 성공적인 미국 벤처캐피탈 시장 중심으로 개괄한다. 또한 기업 혁신을 촉진시킨다는 측면에서 벤처캐피탈이 경제 발전에 어떻게 기여하는지 논의한다. 마지막으로 벤처캐피탈의 투자 제안서인 텀시트(term sheet)에 대해 살펴본다.

벤처캐피탈 산업

벤처캐피탈은 다음의 다섯 가지 특성을 지닌다.

표 7.1 벤처캐피탈의 특성[1]

특성 1	벤처캐피탈은 금융 중개 기관이다. 투자자들의 자금을 끌어다 기업 포트폴리오에 투자한다.
특성 2	벤처캐피탈은 비공개 기업에만 투자한다. 따라서 투자가 이루어진 직후에는 투자한 기업의 주식을 증권 거래소를 통해 거래할 수 없다.
특성 3	벤처캐피탈은 투자 포트폴리오에 속한 기업에 대해 능동적으로 감시하고 지원한다.
특성 4	벤처캐피탈의 주요 목적은 기업의 인수 합병(M&A)이나 기업 공개(IPO)와 같은 성공적인 회수를 통해 수익을 극대화하는 것이다.
특성 5	벤처캐피탈 투자는 인수 합병 등 기업 외부의 투자 기회가 아니라 기업 내부의 자체적 투자기회를 통해 성장하려는 기업에 대한 투자이다.

1 Metrick, A., and A. Yasuda, 2007, *Venture capital and the finance of innovation*, John Wiley & Sons. p. 3.

한국과 미국의 벤처캐피탈은 법규의 차이로 인해 조직의 성격이 다소 다르다. 벤처캐피탈이 결성한 벤처캐피탈 펀드(VC fund, 한국의 경우 투자 조합)는 자금을 운용하는 벤처캐피탈리스트와 투자자들로 구성되어 있는데 미국 벤처캐피탈에서는 벤처캐피탈리스트를 GP(general partners)라 하고, 투자자는 LP(limited partners)라고 부른다. 벤처캐피탈과 엔젤 투자자를 구분 짓는 특징이 바로 표 7.1의 특성 1이다. 엔젤 투자자는 그들의 자금을 직접 투자한다. 엔젤은 기업가의 친한 친구나 친척인 매우 부유한 개인이거나 특정 산업에 종사한 경력을 지닌(주로 이전에 성공한 기업가) 사람들로 동종 업계에 투자를 하고 조언을 해 주는 그룹이다. 이러한 그룹은 벤처캐피탈과 비슷해 보이지만 그들은 본인의 자본으로 직접 투자하기 때문에 자본 비용이 상대적으로 낮고 벤처캐피탈이 투자하지 않는 부분에도 투자를 하게 된다. 엔젤의 규모는 추정하기 어렵지만 미국의 경우 벤처캐피탈의 투자와 거의 비슷한 규모의 투자가 이루어지고 있다고 추정된다. 한국의 경우 엔젤 투자의 활성화를 위한 노력을 기울이기 시작했지만 아직 엔젤 투자자의 규모는 미미한 수준이다.

특성 2는 벤처캐피탈이 증권 거래소에 상장된 공개 기업을 투자 대상으로 하지 않고 비공개 기업에 투자하는 사모 펀드(private equity)의 일종임을 뜻한다. 공개 기업과 달리 비공개 기업은 정보가 부족하기 때문에 일반 투자자의 접근이 어렵다.

특성 3은 벤처캐피탈의 성공의 열쇠를 쥐고 있으며 벤처캐피탈이 더하는 가치의 핵심이다. 이 특성이 없으면 벤처캐피탈은 단순히 좋은 투자 기회를 고르는 능력에 따라 그 성패가 결정된다. 벤처캐피탈은 벤처 기업의 이사회에 참여하여 경영에 자문을 하거나 투자 포트폴리오 벤처 기업 사이에서 헤드헌팅을 하는 등 전문성과 정보력을 활용하여 벤처 기업이 성공할 수 있도록 도움을 준다.

특성 4는 벤처캐피탈과 전략적 투자(strategic investment)를 구분 지어 준다. 전략적 투자의 경우 회수를 통해 수익을 달성하기보다는 장기적인 협력 관계를 구축하여 시너지를 창출하는 것이 주목적이다. 벤처캐피탈의 투자는 본질적으로 회수를 통해 수익을 실현하는 것이 목적이기 때문에 성장성이 큰 사업 기회에만 투자를 하게 된다. 적당한 수익을 내는 고만고만한 규모의 기업들은 투자 대상이 아니라는 것이다. 벤처캐피탈이 성장 가능성 높은 하이테크 산업에 주로 투자하는 이유가 바로 이 때문이며 벤처캐피탈이 자리잡기 위해서는 회수 시장의 활성화가 필수적이다. 한국의 벤처캐피탈도 1990년대 중반 이후 IT 산업의 발전과 함께 본격적으로 시작되었고, IT 거품 때 코스닥 시장과 같은 회수 시장이 활성화되면서 벤처캐피탈이 더욱 성장할 수 있었다.

특성 5는 벤처캐피탈의 투자가 새로운 사업 기회를 발굴하여 성장시키는 데 쓰이며 기존의 다른 사업을 인수하는 데 쓰이지 않는다는 것이다. 벤처캐피탈의 투자는 투자 대상 기업의 발전 단계에 따라 크게 초기, 중기, 후기 투자로 나눌 수 있다. 특성 5 때문에 벤처캐피탈의 투자는 베타 테스트 이전의 초창기 기업이나 기업 공개(IPO) 직전인 후기 기업보다는 어느 정도의 시장 테스트를 마친 후 본격적으로 확장을 하려는 중기 기업의 투자에 집중된다. 특성 5로 인해 벤처캐피탈은 다른 사모 펀드나 헤지 펀드(hedge fund)와는 차별화된다. 헤지 펀드의 경우 보통 단기 투자를 많이 하며 상장 기업의 증권 거래도 많다. 전통적인 벤처캐피탈의 경우 장기 투자를 하며 한 기업에 대한 투자 규모도 헤지 펀드보다 상대적으로 작다. 바이아웃(buyout) 등 다른 사모 펀드의 경우 기존의 다른 사업을 인수하는 자본 조달과 관련하는 경우가 대부분이다. 기업이 기업 공개 직전에 전환 사채나 신주인수권부 사채 등으로 자금을 조달하는 메자닌 파이낸싱(mezzanine financing)의 경우 이것도 일종의 성장 자본(growth capital)이기 때문에 벤처캐피탈이 어느 정도 참여를 한다.

벤처캐피탈의 활동

벤처캐피탈의 활동은 크게 투자, 감시, 회수로 구분된다. 벤처캐피탈은 수백 개의 사업 제안서 중 수십 개를 심사(screening)하여 텀시트(term sheet)를 통해 투자 제안을 한다. 텀시트는 기업에 대한 가치 평가와 투자로 발행되는 증권의 종류 그리고 투자자의 권리를 명시한다. 만약 회사에서 이 텀시트를 받아들이면 기업 실사를 통해 기업을 면밀히 조사한 후 각 이해 당사자들이 모여 최종 투자 계약을 하게 된다.

투자처가 정해졌으면 벤처캐피탈리스트는 기업 경영에 대한 감시를 통하여 기업의 성공 가능성을 높인다. 이 단계에서 특히 벤처캐피탈리스트의 다른 금융 기관과 차별화된 전문성이 큰 가치를 지닌다. 마지막으로 회수가 있다. 성공적인 회수는 투자 기업이 기업 공개를

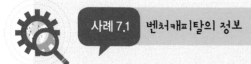
벤처캐피탈의 전문성과 숙련도가 벤처 기업의 성패에 영향을 주는 만큼 기업가의 입장에서는 되도록 건실한 벤처캐피탈에서 투자를 받기를 원한다. 벤처캐피탈의 경영 성과에 대한 주요 정보는 중소기업창업투자회사전자공시(DIVA: Disclosure Information of Venture Capital Analysis, http://diva.kvca.or.kr/)에서 찾을 수 있다.

공시의 내용은 다음과 같다.

- 정기공시: 조직 및 인력, 재무 및 경영지표, 조합결성·운영현황(공시 시기: 매년 사업년도 종료 후 4개월 이내)
- 수시공시: 정기공시 사항의 변경 및 법령위반 등 처분 사항(공시 시기: 매월 21일 까지)
- 자율공시: 주요경영사항, 조합결성 및 해산, 투자성공 사례, 언론보도 해명 등(공시 시기: 창투사의 자진 공시)

출처: 중소기업창업투자회사전자공시

또한 중소기업청은 해마다 벤처캐피탈의 경영상태, 투자조합 운영성과, 운영인력, 투명성 및 리스크 관리와 법규위반 등을 종합 평가하여 상위 등급(A⁺와 A등급)을 받은 벤처캐피탈과 하위 등급(D등급과 E등급)을 받은 벤처캐피탈을 공개한다.

하거나 대기업이 투자 기업을 인수할 때 이루어진다. 경쟁이 있으면 인수 시 제안 받는 기업의 가격이 올라가기 때문에 기업은 협상력을 높이기 위해 인수 제안이 들어올 때 종종 기업 공개를 함께 준비하기 도 한다.

벤처캐피탈 산업의 발전

여기서는 벤처캐피탈의 역사가 가장 오래되고 또 가장 성공적으로 성 장한 미국 벤처캐피탈 산업을 중심으로 벤처캐피탈의 성과에 영향을 미치는 요소들과 벤처캐피탈 산업의 속성을 살펴본다.

미국의 근대적 벤처캐피탈의 시작은 2차 세계대전 이후 1946 년에 George Doroit가 설립한 American Research Development Corporation(ARD)로 본다. 지금의 미국 벤처캐피탈 펀드들과 달리 ARD는 공개 기업의 형태로 운영되었다. 25년 동안 15.8%의 수익률 을 기록했는데 이 수익률의 절반은 Digital Equipment Corporation에 대한 성공적 투자에 기인한다. 미국의 벤처캐피탈 성장 과정에서 또 하나의 주요한 사건은 1958년 정부의 중소기업 지원책의 일환으로 마 련된 Small Business Investment Companies(SBIC)의 설립이다. SBIC 는 벤처캐피탈의 전문화에 기여하였다. 이에 힘입어 1960년대에는 미 국 벤처캐피탈이 지금과 같은 유한 책임 파트너십(limited partnership) 의 형태로 발전하였다.

벤처캐피탈 산업의 규모를 크게 신장시킨 것은 1979년 연기금의 위험 투자 제한이 풀리면서부터이다. 그림 7.1은 1985년부터 2013년

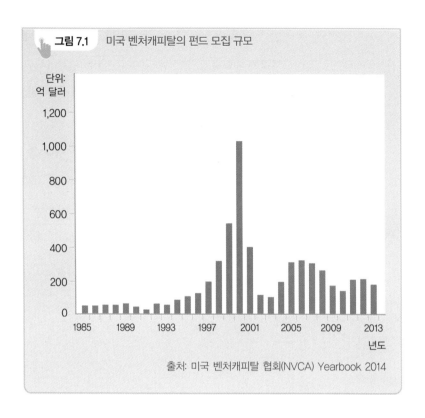

그림 7.1　미국 벤처캐피탈의 펀드 모집 규모

단위:
억 달러

출처: 미국 벤처캐피탈 협회(NVCA) Yearbook 2014

까지의 미국 벤처캐피탈 펀드 모집 규모를 보여 준다. 1979년 연기금의 위험 투자 제한이 풀리기 전까지 연간 펀드 모집 규모는 10억 달러가 안 되었으나 그 이후 1980년대에는 10억 달러를 훌쩍 뛰어 넘어 30억 달러대 규모로 성장하게 되었다. 현재까지 연기금은 벤처캐피탈 시장의 가장 영향력 있는 투자자로서 전체 벤처캐피탈에 공급되는 자본의 거의 절반을 차지하고 있다.

1995년부터 2000년까지를 미국 벤처캐피탈의 호황기라고 할 수 있다. 그림 7.2는 1985년부터 2013년까지 미국 벤처캐피탈의 투자를 보

여 준다. 1995년부터 벤처캐피탈의 투자가 급격히 증가하여 그 정점
인 2000년에는 연간 투자가 1,040억 달러에 달했다. 2000년대 IT 거
품이 꺼지고 난 이후에도 미국 시장은 꾸준히 연간 200달러에서 300
억 달러 사이의 투자가 계속되고 있다.

　벤처캐피탈의 투자가 GDP에서 차지하는 비중의 측면을 보자.
1980~1994년에는 미국 GDP 대비 대략 0.036~0.084% 정도 차지하
던 것이 1995년 0.106%를 거쳐 2000년 호황기의 정점에는 1.045%에
이르게 된다. 2000년대 이후에는 1990년대 후반과 비슷한 GDP 대비

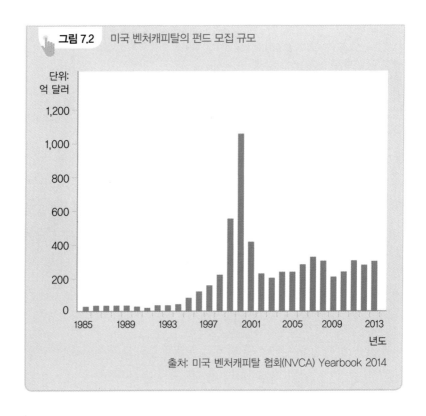

그림 7.2　미국 벤처캐피탈의 펀드 모집 규모

단위:
억 달러

출처: 미국 벤처캐피탈 협회(NVCA) Yearbook 2014

0.2% 수준을 유지하고 있다.

GDP 대비 적정한 벤처캐피탈 규모의 판단을 위해서는 벤처캐피탈이 혁신에 기여하는 바에 대한 분석이 필요하다. 벤처캐피탈은 성장성이 높은 중소기업을 대상으로 투자를 하는데 중소기업이 크게 성장하기 위해서는 혁신이 필수적이다. 따라서 벤처캐피탈은 혁신의 가능성이 높은 중소기업의 발굴과 육성에 중요한 역할을 담당한다. 벤처캐피탈의 적정 규모는 어느 정도의 혁신이 대기업이 아닌 중소기업에서 일어나는 것이 바람직한가와 연관된다. 오늘날 인터넷과 모바일의 발전으로 거래 비용이 낮아진 산업 구조에서는 덩치가 큰 대기업보다 시장에 보다 민감하게 반응할 수 있는 중소기업의 혁신이 상대적으로 더 중요해졌다. 이는 과거에 비해 벤처캐피탈이 GDP에서 차지하는 비중이 높아진 것을 이유 중 하나이다.

벤처캐피탈의 투자 패턴

미국 벤처캐피탈 협회는 기업의 발전 단계를 크게 씨앗(seed), 초기(early), 확장기(expansion), 후기(later)의 4단계로 구분한다.

미국 벤처캐피탈의 기업 발전 단계별 투자 패턴을 살펴보면 1980년대 초에는 씨앗과 초기의 합이 확장기의 투자 비중과 비슷하고 후기의 비중은 가장 작아서 씨앗과 초기-확장기-후기의 투자 비중이 40%-40%-20% 정도가 되었었다. 1990년대 중반부터 두드러지는 특징은 확장기 단계의 투자 비중이 현저히 커지고 씨앗과 초기 투자의 합이 후기 투자보다 줄어든 것이다. 1990년대 후반에는 엔젤의 투자

표 7.2	미국 벤처캐피탈 협회 기준 기업의 발전 단계
씨앗 (seed)	이 단계에서는 발명가 또는 창업자에게 사업 계획의 작성, 경영진의 구성 및 제품 개발과 시장 조사의 착수를 위한 상대적으로 소규모의 자본이 공급된다.
초기 (early)	주로 테스팅 단계나 파일럿 단계의 제품 개발을 마친 기업들에게 공급되는 자본을 이른다. 이 단계의 기업들은 보통 기업의 조직이 구성되는 중이거나 3년 이하의 업력을 가진 기업들로서 시장 조사를 이미 마쳤고 주요 경영진을 영입하였으며 사업 계획을 가지고 영업을 시작한 상태이다.
확장기 (expansion)	주로 매출채권과 재고자산을 가지고 본격적으로 생산을 시작한 기업의 초기 확장을 위해운전자본을 공급한다. 이 단계의 기업들은 수익이 있거나 없을 수도 있으며 시설 확장이나 마케팅, 운전자본, 제품 개선에 조달된 자금을 소요한다. 벤처캐피탈리스트들은 조언부터 보다 전략적인 역할까지 담당하며 기존 자금 조달에 참여했던 초기 투자자들을 비롯해 기관 투자자들도 추가적으로 참여하게 된다.
후기 (later)	고성장기를 넘어 안정적 성장을 하고 있는 기업에게 공급되는 자금을 이른다. 사업에서 양(+)의 현금흐름이 발생하고 있으며 수익성은 전 단계의 기업들보다 좋다. 기업 공개(IPO)를 고려하는 기업들을 포함한다.

출처: 미국 벤처캐피탈 협회, 2014 National Venture Capital Association Yearbook

가 늘어나면서 씨앗 및 초기의 투자는 더욱 줄었으며 확장기의 투자가 벤처캐피탈의 주요 투자 대상이 되어 투자의 약 절반을 차지하게 되었다. 1990년대 후반에는 씨앗과 초기-확장기-후기의 투자 비중이 30%-50%-20%가 되었다. 2008년 금융 위기 이후에는 벤처캐피탈의 확장기에 대한 투자 비중이 40% 정도로 줄고 씨앗 단계가 다시 5%를 넘어서며 후기 투자의 비중이 늘어나는 등 기존과 다른 경향을 보이게 되었다. 2008년 이후 씨앗과 초기-확장기-후기의 투자 비중은 30%-40%-30%의 경향을 보이고 있다. 그림 7.3은 2013년의 미국 벤처캐피탈의 기업 발전 단계별 투자 비중을 보여 준다.

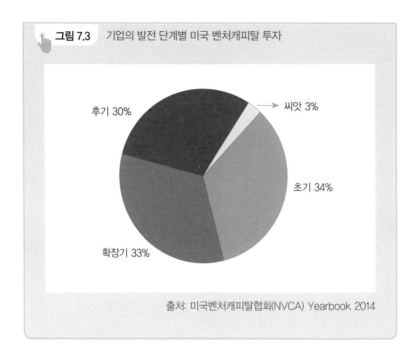

그림 7.3 기업의 발전 단계별 미국 벤처캐피탈 투자

후기 30%

씨앗 3%

초기 34%

확장기 33%

출처: 미국벤처캐피탈협회(NVCA) Yearbook 2014

그림 7.4는 2013년 미국 벤처캐피탈의 산업별 투자를 보여 준다. 그림 7.4에서 미국 벤처캐피탈 투자는 하이테크 산업인 의료와 IT 쪽에 집중되고 있음을 볼 수 있다. 이는 벤처캐피탈 투자의 회수를 위해서는 혁신과 높은 성장성이 필수이기 때문이다.

표 7.3에서 2013년 미국의 지역적 투자 패턴을 살펴보자. 실리콘밸리가 있는 캘리포니아 주에서 약 40%의 투자가 이루어지고 있으며 MIT가 위치한 보스턴이 있는 동부의 매사추세츠 주, 미국 경제의 중심인 뉴욕 시가 위치해 있는 뉴욕 주가 각각 10% 정도의 비중을 차지하고 있다. 이는 벤처 기업의 특성상 어느 지역에 집중해 있으면 양

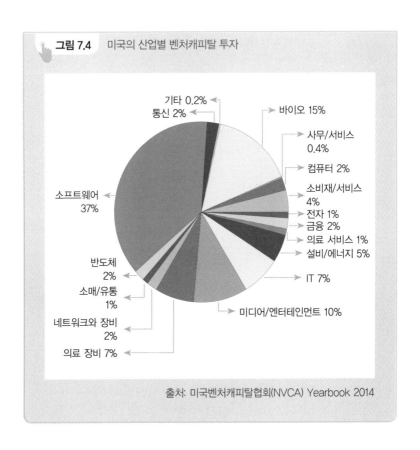

그림 7.4 미국의 산업별 벤처캐피탈 투자

기타 0.2%
통신 2%
바이오 15%
사무/서비스 0.4%
컴퓨터 2%
소비재/서비스 4%
전자 1%
금융 2%
의료 서비스 1%
설비/에너지 5%
IT 7%
미디어/엔터테인먼트 10%
소프트웨어 37%
반도체 2%
소매/유통 1%
네트워크와 장비 2%
의료 장비 7%

출처: 미국벤처캐피탈협회(NVCA) Yearbook 2014

표 7.3 미국의 지역별 벤처캐피탈 투자

주	회사의 수(개)	비중(%)	투자(달러)	비중(%)
캘리포니아	1,280	40%	14,769.7	50%
매사추세츠	326	10%	3,079.3	10%
뉴욕	287	9%	2,870.4	10%
텍사스	101	3%	1,315.5	4%
워싱턴	134	4%	913.2	3%

메릴랜드	76	2%	664.5	2%
버지니아	85	3%	593.8	2%
펜실베니아	154	5%	446.5	2%
일리노이	49	2%	434.9	1%
콜로라도	62	2%	428.2	1%
그 외 다른 주	676	21%	4,028.6	14%
합계	3,230		29,545.2	

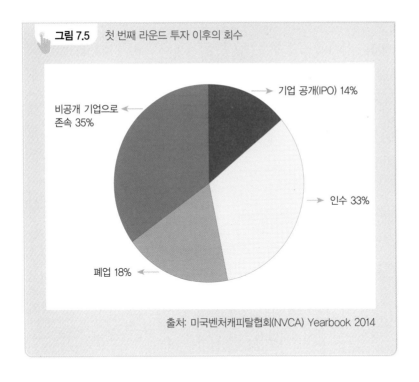

그림 7.5 첫 번째 라운드 투자 이후의 회수

기업 공개(IPO) 14%

비공개 기업으로
존속 35%

인수 33%

폐업 18%

출처: 미국벤처캐피탈협회(NVCA) Yearbook 2014

(+)의 외부 효과가 발생하는 데 기인하며 좋은 사업 기회라는 자금의 수요가 공급을 견인하기 때문이다. 2000년 이후 이들 지역의 IT 기업에 투자된 금액 중 상당 부분이 인도 등 해외로 재투자되고 있다.

벤처캐피탈의 회수

어느 시점의 벤처캐피탈 투자 포트폴리오는 (1) 기업 공개(IPO)나, (2) 인수 합병(M&A)을 통해 회수되거나, (3) 폐업이 되거나, (4) 비공개 기업으로 존속하는 기업으로 구성된다. 그림 7.5는 1991년부터 2000년 사이에 첫번째 투자를 받은 11,686개의 기업들을 대상으로 시간에 따라 각 결과에 속할 확률을 보여 준다. 이 중 약 14%가 기업 공개를 하였고 33%가 인수되었으며 18%가 폐업하였다. 나머지 35%는 계속 비공개 기업으로 존속하였는데 이중 다수는 사실상 폐업 상태라고 추정된다.

미국 벤처캐피탈 산업의 참여자

벤처캐피탈 산업의 참여자는 크게 벤처캐피탈 펀드를 운용하는 GP들의 조직인 벤처캐피탈(창업 투자 회사)과 벤처캐피탈 펀드에 자금을 공급하는 LP로 나눌 수 있다. 미국의 경우 벤처 기업에 대한 투자의 약 80%가 벤처캐피탈에 의해 이루어지고 있으며 벤처캐피탈은 보통 10명 내외의 벤처캐피탈리스트들로 구성되어 있다. 참고로 2013년 우리나라 벤처캐피탈의 고용 규모는 평균 12명 정도이다.

우리나라보다 벤처캐피탈 시장이 잘 발달된 미국의 경우 벤처캐피탈은 기업의 성장 단계나 산업 또는 지역에 따라 벤처캐피탈 펀드를 전문화하고 펀드의 특성에 따라 전문 벤처캐피탈리스트를 배정한다. 특히 기업의 성장 단계에 따른 전문화가 두드러져 대부분의 펀드는 어느 특정 단계의 기업들에 특성화하여 투자한다. 산업의 경우 IT나 에너지 등 어떤 특정 산업을 중심으로 투자하는 펀드들도 존재하지만 여러 산업 전반에 거쳐 투자하는 펀드들도 다수 존재한다. 지역적으로는 기업 실사 등에 따른 관리 비용 절감을 위해 주로 벤처캐피탈의 사무소가 있는 지역을 중심으로 집중 투자한다. 한국은 이제 막 벤처캐피탈의 전문화가 시작되어 초기 기업에 집중 투자하는 벤처캐피탈이나 어느 특정 산업 분야에만 집중 투자하는 벤처캐피탈이 나타나기 시작했으나 현재 대부분의 펀드는 차별화가 되지 않고 있다.

투자자인 LP의 구성을 살펴보자. 현재 미국에서 가장 중요한 LP는 바로 연금 펀드들로서 이들은 전체 벤처캐피탈 시장의 약 44%를 차지하고 있다. 그 다음으로 중요한 투자자들은 상업 은행, 투자 은행, 보험 회사와 같은 금융 기관이다. 이들은 약 18%의 자금을 담당한다. 기금(endowments) 및 재단(foundations)이 그 뒤를 이어 약 17% 정도를 차지하고 있다. 그 밖의 참가자는 전략적 투자를 하려는 기업과 개인 투자자들이다.

위의 구분은 자금의 최종 출처에 따른 구분인데 이들과 벤처캐피탈의 중간에 추가적인 중개 기관이 끼기도 한다. 대표적인 중개 기관이 fund-of-funds(FOF)이다. FOF도 유한 책임 파트너십의 형태로 조직되는데 이들은 보통 벤처캐피탈 외에 다른 사모 투자 펀드(private equity fund)에도 투자를 한다. 보통 FOF는 개별적으로 잘 분산된 포트폴리오 구성이 불가능한 부유한 개인이나 규모가 작은 기관에서 투자한다. 호황기에는 이러한 FOF가 미국 벤처캐피탈 전체 투자의 약 5%를 차지하기도 했었다.

한국 벤처캐피탈 시장의 경우 2004년 정부가 출연하는 모태 펀드가 출범한 이후 모태 펀드의 투자 비중이 가장 높다. 모태펀드는 FOF의 방식으로 운용된다.

벤처캐피탈이 경제 발전에 미친 영향

Lerner, Leamon, Hardymon(2012)은 벤처캐피탈의 경제 발전 기여도를 크게 (1) 벤처캐피탈의 투자를 받은 기업이 그렇지 않은 비슷한 조건의 기업보다 더 좋은 성과를 내는가, (2) 벤처캐피탈의 투자가 기업의 혁신을 촉진시키는가의 측면에서 논의하였다. 학술 연구 결과에 따르면 벤처캐피탈의 투자를 받은 기업은 그렇지 않은 비슷한 조건의 기업보다 기업 규모가 더 빠르게 성장하였고 기업가치를 증대시키는 기업 지배 구조를 채택하고 있는 것으로 나타났다. 그리고 벤처캐피탈의 투자는 혁신적인 제품 및 서비스의 성공적인 상업화에 기여하고 특허와 생산성으로 측정했을 때 기업의 혁신을 촉진하는 것으로 나타났다.

벤처캐피탈의 투자를 받은 기업이 더 좋은 성과를 내는가?

Puri와 Zarutskie(2012)는 미국 센서스 데이터를 이용한 연구에서

1981~2005년 사이에 창업한 미국의 공개 및 비공개 기업들을 그들의 첫 회수까지 추적하였다. 그 결과 기업의 각 성장 단계에서 벤처캐피탈의 투자를 받은 기업이 그렇지 않은 기업에 비해 고용과 매출면에서 규모가 더 크고 더 높은 성장성을 보인다는 것을 밝혔다.

또한 이러한 벤처캐피탈이 투자한 회사의 높은 성장성은 '성과가 나쁜 기업 솎아내기'의 결과물은 아닌 것으로 드러났다. 벤처캐피탈의 투자를 받은 기업이 투자 후 4년까지는 투자를 받지 않은 기업보다 오히려 폐업할 확률이 더 낮은 것으로 조사되었다.

Hochberg(2012)는 1983~1994년까지 기업 공개(IPO)를 한 기업을 대상으로 벤처캐피탈의 투자를 받은 회사와 그렇지 않은 회사의 지배구조를 비교하였다. 이 중 벤처캐피탈의 투자를 받은 회사는 전체의 약 40%에 해당하였다. 이 연구에 따르면 벤처캐피탈의 투자를 받은 회사는 그렇지 않은 회사에 비해 회계상의 이익 조정에 사용될 수 있는 재량적 발생액(discretionary accruals), 독약 조항(poison pills)의 채택 여부 및 이사회 독립성의 측면에서 벤처캐피탈의 투자를 받지 않은 회사에 비해 더 바람직한 지배 구조를 지닌 것으로 밝혀졌다. 기업의 투명성과 기업가치 극대화에 기여하는 지배 구조는 벤처캐피탈이 투자한 회사가 그렇지 않은 회사에 비해 왜 더 높은 성장성을 보이는지에 대한 설명이 될 수 있다.

벤처캐피탈의 투자가 기업의 혁신을 촉진시키는가?

Hellmann과 Puri(2002)는 실리콘밸리에서 창업한 170개 기업을 대상으로 설문 조사를 하여 벤처캐피탈이 기업의 혁신적인 제품이나 서비스를 성공적으로 상업화하는 데 기여함을 밝혔다. 혁신 전략 (innovator strategy)을 채택한 기업은 모방 전략(imitator strategy)을 선택한 기업보다 벤처캐피탈의 투자를 받을 확률이 높았고, 벤처캐피탈이 투자한 회사는 그렇지 않은 회사에 비해 제품을 시장에 출시하는 속도가 빨랐는데 이는 특히 혁신 기업에서 더 두드러졌다. 혁신 기업들은 벤처캐피탈의 투자가 다른 자금 조달과 달리 기업의 성장 단계에 있어서 기념비적 사건이었다고 기술하는 경우가 더 빈번하였다. 이들의 연구는 벤처캐피탈이 혁신을 촉발한다는 직접적인 증거가 되지는 못하지만 벤처캐피탈이 적어도 혁신 기업의 성공에 일조하고 있음은 보여 주고 있다.

벤처캐피탈이 투자한 기업이 그렇지 않은 기업보다 더 많은 혁신을 이루었다는 현상을 해석할 때는 주의가 필요하다. 애초에 벤처캐피탈이 혁신이 활발한 분야에 투자를 하는지 아니면 벤처캐피탈의 투자가 혁신을 촉진시키는지를 구분하여야 하기 때문이다. Kortum과 Lerner(2000)의 산업 단위 연구에서는 1970년대 후반 법 개정에 의한 연금 펀드의 고위험 투자 제한 완화라는 외부적 공급 충격(Shock)에 따라 벤처캐피탈로 유입된 자금이 혁신을 증가시켰음을 밝혔다. 이 공급 충격은 투자 기회라는 벤처캐피탈 자금의 수요와 관계가 없는 사건이었다. 혁신을 특허의 개수로 측정했을 때 벤처캐피탈의 투자는 기존의 R&D 투자에 비해 특허를 촉진시키는 효과가 3~4배에 달하는 것으로 나타났다. 또한 벤처캐피탈의 투자를 받은 기업들의 특허는 다른 특허에 인용된 횟수나 특허 보호를 위한 소송의 횟수가 다른 기업들보다 더 많은 것으로 조사되어 이들 기업이 단순히 특허의 개수가 많은 것이 아니라 더 높은 가치를 지니는 특허를 보유하고 있는 것으로 나타났다.

Chemmanur, Krishnan, Nandy(2011)는 혁신을 총요소 생산성(TFP: Total Factor Productivity)의 제고라는 측면에서 접근하였다. 투입된 요소의 변화 대비 산출의 변화인 총요소 생산성을 통해 우리는 기업이 예전 방식을 답습하여 투입 요소의 규모만 늘려 성장하였는지 아니면 생산 방식의 혁신을 통해 성장하였는지를 추정할 수 있다. 총요소 생산성은 산업별로 차이가 크기 때문에 이 연구는 제조업만을 대상으로 하였다. 제조업에서는 벤처캐피탈이 투자한 회사가 그렇지 않은 회사에 비해 총요소 생산성이 높으며 시간이 갈수록 그 차이가 더 벌어짐을 보였다. 또한 숙련된 벤처캐피탈의 투자를 받은 기업과 그렇지 않은 벤처캐피탈의 투자를 받은 기업의 초기 총요소 생산성에는 차이가 없으나 숙련된 벤처캐피탈의 투자를 받은 기업들은 투자 후 총요소 생산성의 성장이 특히 두드러짐을 알 수 있었다. 이러한 결과는 벤처캐피탈이 애초에 혁신성이 높은 기업을 골라 투자할 뿐만 아니라 벤처캐피탈의 투자 이후 감시 및 조언 활동과 같은 전문성이 기업의 혁신에 영향을 미쳤기 때문으로 볼 수 있다.

정부의 벤처캐피탈 육성 정책의 영향

혁신은 경제 성장에 중요한 견인차이고 창업과 벤처캐피탈은 혁신을 촉진시키기 때문에 각국의 정부는 벤처캐피탈을 육성하는 정책을 펼쳐 왔다. 정부의 벤처캐피탈 육성 정책이 효과적이기 위해서는 우선 정부가 생산성이 가장 높은 곳에 자금을 배분하는 효율성을 달성하여야 한다. 역사적으로 실패한 정책들은 때로 자금이 투입되지 않아야 할 곳에 자금을 투입하는 비생산성을 보였다. 또한 정부의 정책을 둘러싸고 관련 입법 기관이나 행정 기관이 비대화되는 낭비를 초래하여서는 안 된다.

창업 장려 정책의 측면에서 보았을 때 전세계적으로 미국 실리콘밸리, 싱가포르, 이스라엘 텔아비브, 인도 벵갈루루, 중국 광둥성과 저장성 등 창업의 허브가 되는 지역이 형성되기 위해서는 정부 정책 및 공적 자금의 역할이 컸다. 벤처 기업은 특성상 다른 창업가나 벤처캐피탈이 서로 모여 있을 경우 창업에 필요한 부대 서비스와 금융의 전문화가 일어나는 등 긍정적인 외부 효과가 발생한다. 미국의 경우 정부의 SBIC(Small Business Investment Company) 프로그램이 벤처캐피탈 산업의 인프라를 형성하는 데 기여하였다. 많은 초기 벤처캐피탈 펀드와 로펌과 같은 중개사들이 초창기 SBIC의 자금을 근거로 사업을 시작하여 점차 독립적인 벤처캐피탈리스트로 성장하였다.

Lerner(1999)는 미국의 가장 큰 벤처 프로그램인 SBIR(Small Business Innovation Research) 프로그램의 효과를 연구하였다. 이 연구에 따르면 SBIR의 투자를 받은 기업은 같은 지역과 같은 산업의 그렇지 않은 기업에 비해 투자 후 10년 동안 고용이 더 빠르게 증가하였다. 그러나 이러한 효과는 기업마다 큰 차이를 보였다. SBIR 프로그램은 정치적인 이유로 '지역적으로 고른 안배'를 하고 있는데 민간 벤처캐피탈 투자가 이루어지고 있고 주로 하이테크 산업이 위치한 지역에 투자한 경우의 고용 및 매출의 증가가 그렇지 않은 지역에 투자한 경우에 비해 월등하였다. 또한 SBIR의 투자를 한 번 받은 기업의 경우 성장에 미치는 긍정적 효과가 탁월하였으나 여러 번의 투자는 기업의 성과를 향상시키지 못하는 것으로 드러났다.

Brander, Du, Hellmann(2010)은 정부의 벤처캐피탈 지원책을 크게 정부가 직접 운용하는 벤처캐피탈 펀드, 민간 투자자의 자금도 함께 투자되며 독립적으로 운영되는 벤처캐피탈 펀드 투자, 벤처캐피탈리스트에 대한 세제 혜택 및 보조금의 세 가지 형태로 구분하였다. 2000년부터 2008년까지 26개국 28,800개의 벤처캐피탈 투자를 받은 하이테크 산업 기업들을 주요 대상으로 한 이 연구에서는 가치 창조나 특허 취득의 측면에서 정부의 지원이 보통 정도일 때가 정부의 개입 없이 민간 투자에만 의존할 때나 정부의 지원이 많을 때보다 더 성과가 좋은 것으로 나타났다. 그리고 지역 단위의 지원보다는 국가적 또는 국제적 지원의 효과가 좋았는데 한 가지 이유는 보다 광역적으로 투자 대상을 검토하기 때문인 것으로 보였다. 마지막으로 공적 자금과 민간 자금이 함께 투자되었을 때와 간접적 보조금 형태로 지원되었을 때의 성과가 정부가 직접 운용하는 펀드들의 성과보다 좋았다. 이는 민간 자금의 시장 규율이 정부의 개입에 따른 정치적 왜곡을 어느 정도 방지해 주기 때문으로 보인다.

벤처캐피탈은 경기 변동의 영향을 크게 받는다. 정부는 벤처캐피탈 산업에 유동성이 부족할 때 개입하는 것이 중요하다. 그러나 역사적으로 정부는 종종 벤처캐피탈의 버블 시기에 공적 자금을 투입하곤 하였다. 정부는 특히 불황일 때 기존에 이미 벤처캐피탈의 투자를 받았던 기업들에게 후속 자금(follow-up capital)을 공급해 주어야 한다. 또한 민간 벤처캐피탈의 경우 당시 소위 뜨는 기술에만 투자하는 경향이 있는데 정부는 민간 벤처캐피탈에 소외되는 다양한 기술에 투자할 필요가 있다. 미국 CIA(Central Intelligence Agency)의 In-Q-Tell 펀드와 SBIR은 이러한 측면에서 다른 프로그램들에 비해 잘 운영되고 있다. 그리고 1990년대 캐나다의 Canadian Labor Fund Program과 같은 공적 자금이 비효율적으로 운영된 실패 사례에서 보듯이 정부 자금이 과도하게 투입되어 민간 자금을 구축하지 않도록 조심하여야 한다.

벤처캐피탈을 육성하는 바람직한 정책은 좋은 투자 기회가 많이 생기게 하여 수요 쪽에서 공급을 견인하게 하는 것이다. 또한 단기적 부양을 위한 자금 투입보다는 민간 투자의 효율성을 제고하는 장기적인 정책이 중요하다. 마지막으로 금융 위기 이후의 미국과 같이 정부는 버블 이후에 위기가 닥칠 때 종종 벤처캐피탈 산업에 대한 규제를 강화하곤 한다. 규제를 신설할 때는 규제가 벤처캐피탈 산업 발전에 장애물이 되지 않도록 주의가 필요하다.

텀시트

벤처캐피탈이 어느 벤처 기업의 성공 가능성을 긍정적으로 평가하여 투자를 고려하게 되었으면 보통 텀시트(term sheet)를 통하여 투자 제안을 한다. 텀시트를 받은 기업은 그 텀시트를 받아들이거나, 거절을 하거나, 계약 조건을 협상하게 된다. 쌍방의 협의로 텀시트에 합의를 하게 되면 텀시트에 명시된 기간 동안 벤처캐피탈은 기업 실사를 행하게 되고 텀시트를 기반으로 하여 구체적인 계약에 대해 본격적인 협상을 시작한다.

텀시트는 기업과 투자자의 권리와 관련된 법률적인 계약 조건을 명시하는 법적 서류이지만 텀시트의 기초가 되는 것은 투자 규모와 참여자 그리고 지분율로 표현되는 기업의 자본 구조이다. 이러한 정보는 캡테이블(capitalization table)이라 불리는 표에 요약된다.

표 7.4는 텀시트의 예시이다. 텀시트에는 현재 제안하는 투자에서 투자자 K가 5천만 원을 투자는 그 대가로 50만 주를 부여받을 것이며 이는 투자 후 지분율이 33.3%를 차지하게 된다는 투자자에 대한 정보와, 투자 금액은 5천만 원이라는 투자 규모에 대한 정보, 주당 가격에 대한 정보, 투자 전 기업의 가치와 투자 후 기업의 가치에 대한 정보가 포함된다. 또한 캡테이블에서는 투자 전후 기업의 자본 구조에 대한 정보를 요약하여 보여 주는데 이번 투자로 A라운드 우선주 50만 주가 발행되어 투자 후 지분율이 33.3%가 되면서 그에 따라 기존 주주의 지분이 어떻게 희석되는지를 알려 준다. 텀시트에는 이러한 기

표 7.4 텀시트

투자자: 투자자 K 500,000주(33.3%), 50,000,000원
투자금액: 50,000,000원
주당 가격(OPP: Original Purchase Price): 주당 100원
투자 전 가치: 완전 희석 기준 100,000,000원
투자 전 가치: 완전 희석 기준 150,000,000원

캡테이블:

증권	투자 전		투자 후	
	주식 수	지분율(%)	주식 수	지분율(%)
보통주-창업자	775,000	77.5	775,000	51.7
보통주-직원의 주식 풀(pool)	225,000	22.5	225,000	15.0
A라운드 우선주	0	0	500,000	33.3
주식 총계	1,000,000	100.0	1,500,000	100.0

초 정보 다음에 기업과 투자자의 권리와 관련한 법률적인 계약 조건이 나열된다.

투자자

텀시트에서는 모든 투자자들을 나열하며 그들이 각각 얼마를 투자하였으며 그 투자에 대하여 주식을 몇 주 부여받았는지 보여 준다. 여기서 지분율을 계산할 때는 우선주가 모두 보통주로 전환되고 모든 옵션이 행사된 것을 가정한 완전 희석 상태를 기준으로 계산한다. 투자자들은 약속된 투자액을 한 번에 투자할 수도 있고 회사가 어떤 성장목표를 달성할 때마다 투자를 하는 소위 트란쉐(tranche)로 일컬어지는 분납을 행할 수도 있다. 일시납은 대체로 벤처캐피탈 시장이 활황

일 때 일어나고 트란쉐 형태의 투자는 보통 불황일 때 많이 관찰된다.

주당 가격

주당 가격은 OPP(Original Purchase Price)라 한다. 앞의 예제처럼 기존에 보통주라는 한 종류의 증권만 있고 그 숫자가 정해져 있을 경우 주당 가격의 계산은 명백하다. 그러나 여러 종류의 증권이 존재할 경우 주당 가격의 계산은 복잡해진다.

투자 전 가치와 투자 후 가치의 평가

투자 전 가치(pre-money)는 투자가 이루어지기 전의 기업가치이고 투자 후 가치(post-money)는 제안된 투자가 이루어졌다는 가정하의 가치 평가이다. 투자 후 가치는 공개 기업의 시가총액(market capitalization)에 해당하는 개념이다. 주식 시장을 통해 시시각각 변하는 기업의 시장가치를 관찰할 수 있는 공개 기업과 달리 비공개 기업인 벤처 기업은 기업의 시장가치를 관찰할 수 있는 기회가 제한된다. 벤처캐피탈이 어떠한 투자를 제안하며 그에 따른 지분을 요구하면 거기에 의거하여 기업의 투자 후 가치를 계산할 수 있다. 투자 전 가치는 투자 후 가치에서 투자금액을 제하는 방식으로 역산하여 계산된다.

투자 후 가치는 시가총액과 마찬가지로 주당 가격에 발행 주식 수를 곱하여 계산한다. 표 7.4에서 주당 가격은 100원이며 투자 후 발행 주식 수는 150만 주이므로 투자 후 가치는 다음과 같다.

투자 후 가치＝주당 가격×완전 희석을 가정한 발행 주식 수

$$=100 \times 1,500,000 = 150,000,000$$

투자 후 가치를 계산하는 다른 방법은 투자에 대한 보상으로 주어진 지분율을 이용하는 것이다. 표 7.4에서 투자자 K는 5천만 원을 투자한 보상으로 33.3% 또는 1/3의 지분을 획득한다.

투자 후 가치＝투자금액/제안된 지분율＝50,000,000/(1/3)

$$=150,000,000$$

이 두 방식에 의한 가치 평가는 동일한 값을 도출한다. 투자 전 가치는 투자 후 가치에서 투자액을 제한 값이다. 표 7.4에서 투자 후 가치는 1억 5천만 원이고 투자금액은 5천만 원이다.

투자 전 가치＝투자 후 가치－투자금액＝150,000,000 − 50,000,000

$$=100,000,000$$

투자 전 가치 역시 주당 가격에 투자 전 발행 주식 수를 곱하여 계산할 수도 있다. 투자 전 발행 주식 수는 이번 벤처캐피탈의 투자로 발생하는 주식을 제외한 나머지 모든 주식을 포함한다. 투자 후 가치와 마찬가지로 두 방식에 의한 가치 평가는 동일한 값을 도출한다. 표 7.4에서 주당 가격은 100원이고 투자 전 발행 주식 수는 100만 주이다.

투자 전 가치＝주당 가격×투자 전 완전 희석을 가정한 발행 주식 수

$$=100 \times 1,000,000 = 100,000,000$$

텀시트에서 가장 중요한 협상 대상은 바로 이 투자 전 가치와 투자 후 가치이다. 그러나 투자 전 가치와 투자 후 가치를 해석할 때는 주의가 필요하다. 보통 투자 전 가치와 투자 후 가치를 계산할 때는 보통주와 우선주를 구분하지 않고 같은 방식으로 취급하는데 이는 정확한 가치 평가가 아니기 때문이다. 우선주의 올바른 가치 평가를 위해서는 옵션 가격 평가 기법을 적용해야 한다.

캡테이블

캡테이블(capitalization table)에서는 기존 투자자들(엔젤이나 그 전 라운드의 벤처캐피탈)의 지분과 함께 이번 라운드에서 발행되는 모든 추가적인 증권을 표시해야 한다. 또한 벤처 기업들의 경우 스톡옵션을 주요 보상 체계로 사용하기 때문에 직원들의 스톡옵션 풀(pool) 또한 포함해야 한다. 미국의 경우 이러한 스톡옵션 풀이 평균적으로 약 15%의 지분율을 차지한다.

우선주

상장된 공개 기업은 주로 보통주를 발행하여 자본을 조달한다. 벤처캐피탈은 투자에 대해 보통주가 아닌 우선주를 받는 경우가 대부분이다. 그리고 대부분의 우선주는 보통주로 전환할 수 있는 옵션을 덧붙여 전환우선주(CP: Convertible Preferred)로 발행된다. 우선주의 보통주 전환은 투자자의 자발적 요구에 의해서(voluntary conversion) 또는 어떤 정해진 기준을 넘길 경우 자동적으로(automatic conversion) 이루어진다. 전환의 조건은 종종 희석 방지를 위한 투자자 보호 조항들의 영향을 받는다.

우선주의 가장 중요한 특징은 기업이 청산할 경우 보통주보다 우선권을 갖는다는 것이다. 예를 들어 표 7.4에서처럼 주당 가격 100원으로 50만 주의 전환우선주를 발행하여 5천만 원을 투자할 경우, 5천만 원의 전환우선주 투자는 회사의 청산 시 보통주보다 먼저 5천만 원을 회수할 권리를 갖는다. 그리고 이 전환우선주는 50만 주의 보통주로 전환될 수 있다. 이 50만 주의 지분율은 33.3% 또는 1/3이다. 회수 시점에 벤처캐피탈은 우선주로서 최대 5천만 원까지 받을 것이냐 아니면 50만 주의 보통주로 전환하여 기업의 총 가치의 1/3를 받을 것인가를 결정해야 한다.

전환우선주 가치 평가의 핵심은 바로 전환 조건이다. 기업가치가 어느 수준을 넘어가야 보통주로 전환하는 것이 전환하지 않는 것보다 유리한가?

회수 시점의 기업가치인 회수가치를 W원이라고 할 때 보통주로 전환한 우선주의 가치는 다음과 같다.

$$CP_{전환가치} = 1/3 \times W원$$

전환하지 않을 때의 가치는 5천만 원이므로 벤처캐피탈은 우선주의 전환가치가 5천만 원을 초과할 때에만 보통주로 전환하게 된다. 이때의 기업가치는 다음과 같다.

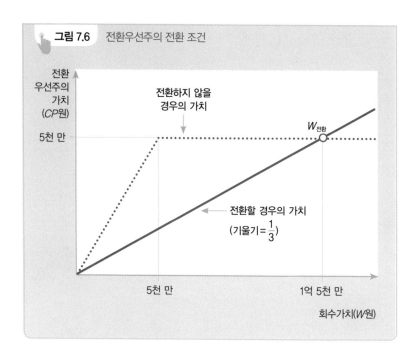

그림 7.6 전환우선주의 전환 조건

$$CP_{전환가치} = 1/3 \times W원 > 5천만\ 원$$

$$W_{전환} = 1억\ 5천만\ 원$$

그림 7.5는 기업가치의 변화에 따른 전환우선주의 가치 변화를 보여 준다. 점선은 전환하지 않을 경우 회수되는 액수이고 실선은 전환할 경우 회수할 수 있는 액수이다.

실선과 점선이 만나는 점($W_{전환}$)인 기업가치 1억 5천만 원을 기준으로 기업가치가 1억 5천만 원을 넘어서면 벤처캐피탈은 우선주를 보통주로 전환하여 총 기업가치의 1/3을 회수한다. 그림 7.6은 회수시점의 기업가치에 따른 벤처캐피탈의 전환 우선주 투자의 회수금액을 보여 준다. 회수금액은 기업가치가 1억 5천만 원이 될 때까지는 그림 7.5의 점선을 따라가고, 기업가치가 1억 5천만 원이 넘어가면 그림 7.5의 실선을 따라가는 것을 알 수 있다.

앞서 소개한 전환우선주 외에도 우선주에는 다양한 옵션과 제약 조건들을 더할 수 있으며 그러한 우선주의 가치 평가는 좀 더 복잡해지게 된다.

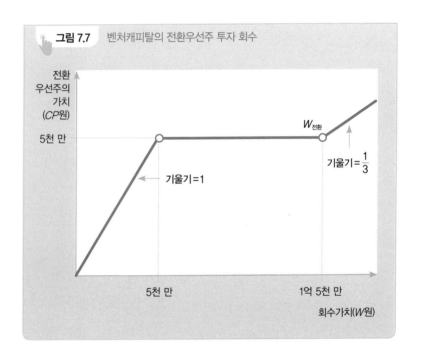

그림 7.7 벤처캐피탈의 전환우선주 투자 회수

벤처 기업 창업 전략

08

창업 절차 및 체크 리스트

창업을 위한 프로세스는 아래 그림 8.1과 같다. 아이디어 발굴에서 시작하여 사업 기회를 평가하고 이 사업 기회 평가에서 높은 잠재력과

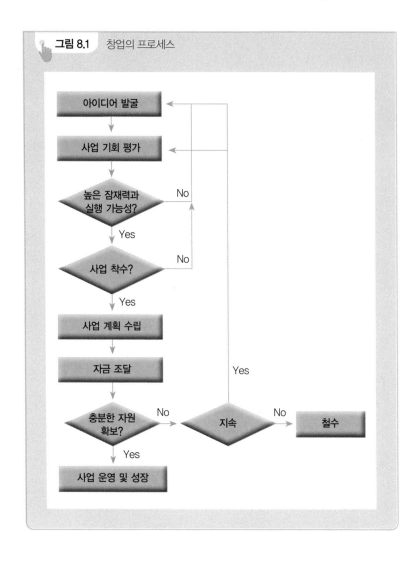

그림 8.1 창업의 프로세스

실행 가능성이 있다는 결론이 나오면 사업에 착수 여부를 판단해 사업 계획을 수립하며 자금을 조달해서 충분한 자원을 확보하여 사업을 실제 운영하는 과정을 거치게 된다. 이 일련의 과정이 순차적으로 진행되는 경우는 극히 드물며 많은 경우 각 단계를 한 번에 통과하지 못해서 반복하고 수정하는 과정을 거치게 된다.

창업자에게 있어 시간은 가장 중요한 자산 중에 하나이다. 이러한 창업자들에게 있어 쉽지 않은 사항은 엄청나게 많은 잠재 기회들을 검토하고 이들의 대부분을 버린 후에야 쓸 만한 창업 전략을 마련할 수 있다는 점이다. 따라서 예비 창업자들은 성공적인 창업이 우연으로 다가오는 것이 아니기 때문에 자신들의 사업 아이디어가 창업으로 연결될 수 있을지에 대해서 다음의 요소들을 고려해 볼 필요가 있다.

1. 현재의 사업 아이디어가 고객이나 최종 소비자에게 중요한 가치를 창출할 수 있을까?
2. 만약 고객이나 최종 소비자들에게 중요한 가치를 창출할 수 있다면 누군가가 이에 대해 그만큼의 가치를 지불할 수 있을까?
3. 시장 규모가 충분히 크고, 성장 가능성이 있고, 이익률 및 순이익이 확보되어 있으며, 현금흐름에 있어서도 원활하고, 투자가들에게도 충분한 보상을 할 수 있을까?
4. 창업자 및 창업 멤버들이 좋은 팀워크(teamwork)를 형성할 수 있을까?

또한 보다 정교한 사업 모델과 전략을 세우기 위해서는 아래와 같이 상세한 항목들에 대해서 사업 기회 평가가 필요하다.

1. 산업 및 시장 분석
   - 고객이 원하는 것은 무엇인가? 고객들이 누구인지 파악할 수 있는가?
   - 창업을 한다면 고객에게 접근 가능한가? 고객이 이미 다른 경쟁자에게 충성도가 높아서 접근 불가능한가?
   - 높은 부가 가치 창출이 가능한가?
   - 시장 구조는 어떠한가? 시장에 판매자는 몇 명이나 되는가?
   - 각 제품 간 차별성은 얼마나 존재하는가?
   - 시장의 진입 조건은 무엇인가?
   - 시장의 규모는 얼마나 큰가?
   - 최소 20% 이상의 시장 점유율 확보가 가능한가?
   - 시장 성장률이 20% 이상 되는 잠재력을 갖고 있는가?
   - 시장에서 원가 구조는 어떻게 되는가?

2. 경쟁 우위
   - 창업을 한다면 사업이 지속 가능한가?
   - 고정비용과 변동비용이 어떻게 구성되는가?
   - 가격 및 비용에 있어 경쟁사 대비 우위가 있는가?
   - 당사에 원자재를 납품하는 공급 채널 및 당사의 제품/서비스

거래가 일어나는 유통 채널 관리에 있어서 경쟁사 대비 우위가 있는가?

- 경쟁사가 동종 업종에 진출 시 당사의 사업 모델을 모방한다면 얼마나 많은 시간이 걸리는가? 어떤 제약들이 존재하는가?

- 기술에 있어서 대체재가 있는가? 우위가 있는가?

3. 경제적 가치 창출

- 요구되는 자본의 규모는 얼마나 되는가?

- 순이익이 얼마나 기대되는가?

- 손익분기점에 이르기까지 얼마나 걸리는가?

- 양(+)의 현금흐름에 이르기 위해서 얼마나 걸리는가?

- 매출액 성장률은 어떻게 되는가?

- 자본집중도는 얼마나 되는가?

- R&D 투자비는 얼마나 되는가?

- 투자수익률(ROI)은 얼마나 예상되는가? 내부수익률(IRR)은 몇 배가 예상되는가?

- 회수 전략(exit strategy)은 기업 공개(IPO), 인수 합병(M&A) 중 무엇인가?

4. 기타

- 창업 관련 치명적인 취약점이 존재하는가?

- 창업자와 경영진이 좋은 조합인가? 관련 경험과 노하우가 있는가? 도덕적인가?
- 실현 가능한 성공과 한계는 무엇인가?
- 기회비용은 얼마나 되는가?
- 위험 허용도는 얼마나 되는가?
- 창업을 위한 적시(right timing)인가?
- 변화에 대처할 유연성이 있는가?

위의 이슈들을 정리하면 다음과 같은 사업 기회 체크 리스트를 만들어 사업 기회에 대해 점수를 매겨 볼 수 있다.

1. 산업 및 시장 분석

판단 기준	← 높은 잠재력(+5)						낮은 잠재력(−5) →				
	+5	+4	+3	+2	+1	0	−1	−2	−3	−4	−5
고객의 요구 파악 가능성											
고객 접근 가능성											
부가 가치											
경쟁사의 수											
시장 규모											
예상 시장 점유율											
총점											

2. 경쟁 우위

판단 기준	←⋯ 높은 잠재력(+5)						낮은 잠재력(−5) ⋯→				
	+5	+4	+3	+2	+1	0	−1	−2	−3	−4	−5
사업 지속 가능성											
고정비용											
변동비용											
가격 우위											
비용 우위											
공급 채널 관리 우위											
유통 채널 관리 우위											
경쟁사의 진입 장벽											
대체재											
총점											

3. 경제적 가치 창출

판단 기준	←⋯ 높은 잠재력(+5)						낮은 잠재력(−5) ⋯→				
	+5	+4	+3	+2	+1	0	−1	−2	−3	−4	−5
요구되는 자본											
순이익											
손익분기점까지 시간											
양(+)의 현금흐름까지 시간											
투자수익률(ROI)											
회수 전략 명확도											
총점											

4. 전반적인 잠재력

	분야별 총점	분야별 가중치	총점×가중치
산업 및 시장 분석			
경쟁 우위			
경제적 가치 창출			
기타(회사별 상황에 따라 기술)			
−창업 관련 치명적 취약점			
−창업자와 경영진			
총점			

경영학도가 아닌 예비 창업자에게는 위에서 설명한 사업 기회 평가와 관련된 용어가 낯설고 어렵게 느껴질 수 있다. 따라서 이 책의 앞부분에서 설명한 창업 및 기업 경영 관련된 개념들과 용어를 숙지할 것을 권유한다. 창업의 프로세스에 대한 보다 구체적인 이해를 위해 사회적 벤처 기업 섬광의 창업 이야기를 소개한다.

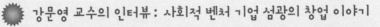

강문영 교수의 인터뷰 : 사회적 벤처 기업 섬광의 창업 이야기

여기서 '강'은 이 책의 저자 중 한 명인 강문영 교수, '김'은 사회적 벤처 기업 섬광의 김지나 대표를 의미합니다.

강 : 안녕하세요, 김지나 대표님. 바쁘신 중에 인터뷰에 응해 주셔서 감사합니다. 먼저 본인 소개와 창업한 회사 '섬광'에 대한 소개를 부탁드려요.

김 : 저는 현재 '섬광'이라는 청년 소셜 벤처 기업에서 대표를 맡고 있는 김지나라고 합니다. 카이스트에서 건설환경공학과 경영과학을 복수 전공했고 현재는 서울대학교 기술경영경제정책대학원 석사 과정에 재학 중입니다. 섬광이라는 회사의 이름은 '섬김의 빛'이라는 뜻과 '번뜩이고 눈부신 빛'이라는 중의적 의미를 담고 있고요, 2010년 가을 당시의 카이스트 재학생 5명이 과학 기술을 사회의 소회된 계층을 위해 사용하여 '함께 웃는 세상'을 만드는 데 기여하자는 바람을 담아 조직한 프로젝트팀으로부터 시작하여 2011년 겨울 법인화하였어요.

강 : 창업 초기부터 확실한 미션이 있었군요. 함께 웃는 세상이라는 미션을 어떤 방법으로 수행했는지 설명을 좀 해 주세요.

김 : 당시에 저희가 중요하게 생각했던 것은 '실현 가능한/실천 가능한 기술을 이용한 실제적 가치 창출'이었어요. 당시 공학도로서 교육을 받고 있었지만 초기에 과학 기술을 공부할 때에는 이를 공부하여 사회에 도움이 되고자 했었어요. 그런데 어느 순간부터 "이걸 배워서 어디에 쓰지?" 이런 고민을 하고 뜻을 함께하는 친

구들이 모여서 '지금', '여기(지역 사회)'에서 '우리'가 할 수 있는 것은 무엇일까 생각을 하다가 사회에서 소외된 계층을 위해서 우리가 배운 과학 기술을 사용하여 그 사람들과 '함께', '더 좋은 세상'을 만들어 보자! 한 것이 처음 팀이 형성된 계기예요.

강 : 법인화가 청년 창업자들에게는 쉽지 않은 문제였을 것 같은데요.

김 : 네. 주변에서 보면 실제로 많은 벤처팀들이 법인화는 미루는 경향이 있어요. 여러 가지 복잡한 것이 많고, 법인세도 내야 하고, 법인이 아니어도 사실 사업 활동을 하는 데 많은 제약이 있는 것은 아니거든요.

강 : 사업 아이디어 개발은 어떻게 했는지 과정에 대한 소개를 해 주세요.

김 : 저희는 앞에서 말씀드린 다소 추상적일 수 있는 목표를 가지고 시작했고 그 이후에 대상 고객과 대상 사업을 선정하는 순서를 통해 사업을 발전시켰어요. 이 부분은 약간 사회적 가치 창출을 목표로 하는 기업들이 다른 기업과 차이점을 가질 수 있는 부분인 것 같아요. 처음 타겟으로 했던 고객은 대전 지역의 에너지 빈곤층, 흔히 말해 산동네, 판자촌 등에 사시는 독거노인들이었고, 때는 겨울이었기 때문에 경제적인 난방기를 개발하고자 하는 아이디어에서 나온 것이 태양열 난방기예요.

강 : 네. 기업의 미션 설정 후 구체적인 사업 아이템이 나오기까지는 얼마나 시간이 걸렸나요?

김 : 2010년 9월 쯤에 프로젝트팀이 기획되면서 미션이 설정되었고요, 대상층이 확정된 게 11월 쯤일 거예요. 그리고 아이템 고안이

어느 정도 정리가 된 것이 2011년 1월경이었어요.

강 : 팀원 모두 학부생들이라서 학업으로 바쁜 와중에도 사업이 신속히 진행되었네요.

김 : 저희는 그때 '벤처 기업을 만들겠다'라는 생각보다는 프로젝트 형식으로 당시에 학교에서 진행하던 '적정 기술 사회적 기업 페스티벌'이라는 행사에 참가하고 있었어요.

강 : 네. 외부적인 자극도 한 몫을 했군요.

김 : 그리고 페스티벌에서 대상을 수상했는데 SK 행복 나눔 재단에서 수상금으로 상금 500만 원과 카이스트 K-Lab 후원 창업 지원금 500만 원을 받았어요.

강 : 이렇게 생긴 1,000만 원이 창업의 종잣돈이었나요?

김 : 그렇게 '창업 지원금'이라는 돈을 받고 나니까 창업을 해야만 할 것 같은 책임감이 들어서 창업을 해야겠다 생각했죠. 그런데 1,000만 원이 종잣돈이 될 수 없다는 사실은 알고 있었어요. 저희 아이템의 핵심은 경제적인 열매(heat material) 개발인데 당시 제품은 파일럿(미니어처) 단계였고, 안정적인 열매 개발을 위해서 필요한 연구 자금의 재료비만해도 1,000만 원으로는 부족하다는 것을 알고 있었거든요. 1,000만 원은 종잣돈이었다기보다는 결심을 하게 된 계기에 가까운 것 같아요.

강 : 그럼 그 후 자금 조달을 어떻게 했는지에 대해서도 궁금합니다.

김 : 창업을 생각하면서 가장 먼저 했던 것이 예산을 확보하는 것이었고, 실제적으로 저희의 창업을 가능하게 한 종잣돈 역할을 했던 것은 '예비 기술 창업자 육성 사업'의 지원금이었어요. 당시에

'대전시 청년 사업가 육성 사업(지원 규모 3,000만 원)', '청년 등 사회적 기업가 육성사업(지원 규모 3,000만 원)', '예비 기술 창업자 육성 사업(지원 규모 1억 원, 자부담 30%, 실제 지원금 7,000만원)'이 저희가 찾았던 정부 지원 프로그램이었구요. 저희는 떨어질 줄 알고 다 지원했는데 전부 붙어서 중복 수혜 문제로 예비 기술 창업자 육성 사업을 선택했었어요.

강 : 네. 자부담이 있어도 실제 지원금이 가장 많은 것을 선택했군요.

김 : 정부 지원 프로그램은 예산을 쓸 수 있는 곳이 비목별로 정해져 있는데 저희가 필요한 예산의 비율이 가장 컸거든요.

강 : 이러한 지원을 받기 위해서는 사업 계획서를 작성했을 텐데요. 사업 계획서를 작성하면서 어려운 점은 없었습니까?

김 : 사실 저희 구성원 5명 중 4명이 카이스트의 BEP(Business & Economics Program) 과정을 통해 경영학 과목을 수강했었고 카이스트는 학부생 때부터 연구실의 연구 계획서 작성에 참여하기도 해서 크게 어려움은 없었어요. 단지 회계 및 예산 계획을 제출하는 데 있어서 정부 문서를 작성할 때 요구하는 형식이 있는데 이 부분이 조금 어려웠던 것 같습니다.

강 : 조금 전에 말씀해 주신 내용에서 상금 중 1억 원의 30%는 자부담이라고 하셨는데요. 이것은 어떻게 조달하셨어요? 창업을 하자고 해도 자금이 큰 문제이거든요.

김 : 예비 기술 창업자 육성 사업 상금과 저희가 이전에 나갔던 공모전에서 수상하면서 받은 상금들, 저희 아이디어와 취지에 동의해 주시는 투자자분들께서 지분을 요구하지 않고 조건 없이 투자해

주신 투자금으로 해결했습니다.

강 : 조금 전에 회계 및 예산 부분이 사업 계획서 작성 시 어려웠다고 하셨는데요. 사업을 진행하면서 이 부분을 어떻게 해 나가셨는지요.

김 : 회계 및 세무 업무는 법인화 전에 지원금 예산 관련해서 대표와 재무 담당(CFO) 멤버가 공부해서 처리하다가 법인화 이후에는 카이스트 창업 지원 센터의 도움을 받아서 비교적 저렴한 가격에 세무 법인에 맡겼어요. 회계/세무 외에도 법무와 특허 업무가 있는데 법무 쪽은 처음부터 창업 보육 센터를 통해 법무 법인에 맡겼고요. 특허는 특허 법인을 통하긴 했었는데 제가 카이스트에서 지식 재산권 관련 과목들을 이수해서 일반적으로 특허를 낼 때 지출하는 수임료 상당액을 감하는 대신에 명세서 작성 초안 등은 저희 쪽에서 작성해서 드리고 했었어요.

강 : 역시 지식이 창업에 있어서 큰 파워네요.

김 : 지원금을 받고 있는 상황이라 부채에 대한 이자 부담이 없어서 가능했지, 저희가 처리하면서도 "만약에 우리가 돈을 빌려서 사업을 하고 있다면 이런 부분에서 아끼는 비용보다 기회비용이 더 컸을 거야."라고 이야기했었어요. 사실 창업자들이 창업하기도 바쁜데 그런 거 하고 있을 시간이 없거든요. 빨리 이윤을 내서 투자 자금을 회수해야 해서요.

강 : 학업과 사업을 병행하면서 인력을 고용해야 할 시기도 왔을 것 같은데요. 인력 운영 관련 어려운 점은 없었습니까?

김 : 저희가 시제품 제작과 관련해서 새터민을 고용했었어요. 임금과

관련해서는 예비 기술 창업자 육성 사업의 지원금 내에 있는 규모라 문제가 되지 않았지만 저희는 저희 기술 담당자(CTO)가 설계한 그대로의 제품을 제작해 주는 사람이 필요한데 새터민께서 자꾸 창조성을 가미시키셔서 이분과 작업을 하는 것에 있어 팀원들 사이에서 눈에 보이지 않는 책임 소재 전가가 결속력을 해쳤던 것 같아요. 리더십 부분에서 이 부분을 대표가 다뤄야 하는 것인지, 기술 담당자가 지시를 잘 내려야 하는 것인지, 아니면 이분과 같이 일하는 다른 팀원들이 지혜롭게 처신해야 하는 것인지 등에 있어서 서로 배려하려고 노력하지만 마음이 지쳐가다보니까 '우리 이제 그만하자' 직전까지 갔었던 위기가 있었던 것 같습니다.

강 : 창업을 통해 실전 리더십과 조직 관리에 중요한 트레이닝이 되었을 것 같아요. 비즈니스 모델에 대한 이야기로 넘어가 볼까요.

김 : 저희는 제품을 사용하는 고객과 제품을 구매하는 고객이 다른 객체의 비즈니스 모델을 계획했었어요. 비즈니스 모델을 수립할 때 아프리카에 모기장을 공급한 회사 이야기를 참고했었는데요. 그때 당시에 국가에서 배급한 전기 매트를 사용하다가 화재로 돌아가신 독거노인 문제가 뉴스에 보도되고 이슈화됐었어요. 그래서 저희는 "전기 매트 보급하려고 계획해 둔 예산 있을 텐데, 전기 매트 1가정에 1개 보급하던 사업의 규모를 줄이고 남는 예산으로 우리 회사 제품을 보급하면 어떨까?"라는 생각에서 출발했어요. 현장 실사를 해 보니 어차피 독거노인들이 전기세 때문에 한 가정에 하나씩 배급해도 모든 가정에서 쓰지 않고 한 집에 모여서

같이 주무시고 그러셨거든요. 그래서 대전시의 사회 복지 단체와 에너지 재단 등을 방문해서 마케팅 활동을 했어요. 당시에 사회 복지 단체에서 매우 반기셨고 또 제품 제조와 관련하여 대전시에 있는 다른 목공 협동 조합과도 연결되어서 제품 생산도 가능한 상태까지 추진했었거든요. 그런데 건축법상 가건물에 난방 시설을 설치할 수가 없고, 설치하기 위해서는 특별 허가를 받아야 해요. 특별 허가를 받기 위해 필요한 실증 데이터를 만들려면 2년여의 시간과 실증 데이터를 확보할 건물이 필요한데 저희에게 시간도 건물도 없었고, 실증 데이터가 확보된다 하더라도 건물주의 협조가 필요한데 저희 대상 지역은 건물주가 불분명한데다가 불법 거주민 등이 많아서 실제로 사업을 추진할 수는 없겠다는 결론을 내렸습니다. 저희는 사업 분야가 다소 변경되어 현재로서는 개발 도상국의 비정부 단체(NGO) 등에 정수기를 보급하거나 정수 설비 시설 계획을 해 주고 있는데요. 정수기 보급은 판매로 이루어지고, 정수 설비 시설 계획/개발 도상국 대상으로 한 정수 시설 연구는 (사)국경 없는 과학 기술자회와 양해각서(MOU)를 맺어서 미래 창조 과학부의 예산으로 진행하고 있어요. 저희 회사의 핵심 역량, 경쟁 우위보다 그냥 '전부'라고 말할 수 있는 것은 뚜렷한 미션인 것 같아요. 미션 때문에 함께 일하는 사람이 모이고 파트너가 생기고, 사업이 진행되거든요.

강 : 김 대표님의 창업 이야기 잘 들었습니다. 김 대표님 주변에도 창업을 한 사람들이 많이 있습니까?

김 : 서울대와 카이스트에서는 많은 학생들이 '벤처 기업'에 대해 관

심을 갖는 추세이며 공식/비공식 동아리를 결성하여 그 일에 스스로 뛰어드는 학생의 수도 증가하고 있습니다. 카이스트의 재학 당시 지인들 중 약 30~40% 정도의 사람들이 스스로 창업 기업을 만들어 보거나 신생 벤처 기업에서 다양한 역할로 일해 본 경험을 가지고 있습니다. 창업 기업을 만들어 본 경우에는 대부분의 경우 이윤을 창출하는 회사로까지 성장하지는 못하였지만 그런 도전이 일반화되어 '창업해서 휴학한다/했다고 하더라'라는 이야기를 빈번하게 들을 수 있었습니다.

강 : 많은 시간과 귀한 경험 공유해 주셔서 감사합니다.

사업 계획서

이미 설립된 기업의 경우 마케팅 대부분의 활동이 소비자를 타겟으로 한 활동이다. 하지만 기업 창업에 있어서 가장 중요한 마케팅 활동은 매력적인 사업 계획서를 통한 자금 조달이다. 이 자금 조달이 순조롭게 이루어지지 않을 경우 창업 여부마저도 불투명하게 될 수 있다. 자금 조달원이 은행이든 벤처캐피탈이든 엔젤 투자자이든 자금을 구하기 위해서는 설득력 있고 충실한 사업 계획서가 필수 조건이다.

사업 계획서의 주요 내용을 살펴보자.

I. 사업 계획서 핵심 요약

● 사업 계획의 모든 분야를 망라하고 가장 중요한 내용을 담는다.
● 최대 2~3페이지로 간결하며 설득력 있게 투자가의 관심을 끌 수 있도록 작성한다.

II. 사업 개요

● 사업 기회 및 동기: 어떤 사업인지와 제품/서비스/기술에 대한 설명
● 회사의 미션 및 비전
● 고객의 요구
● 고객에게 어떤 혜택을 주는지 설명하는 가치 명제(value proposition)
● 차별화 전략
● 사업 모형 설명: 사업 전략과 주요 단계별 목표

III. 산업 및 시장 분석

● 거시 환경 분석(경제적 환경, 정치 법률적 환경, 기술적 환경, 사회 문화적 환경 등)

● 산업 분석(인구 통계학적 분석, 주요 경쟁사, 트렌드 등)

● 표적 시장 분석(인구 통계학적 분석, 고객 세분화, 고객 프로필 등)

● 경쟁사 분석 및 경쟁 우위(SWOT 분석)

● 유통 채널(대안, 리스크, 혜택 등)

● 초기 시장 진입 전략 및 지속 가능성 분석

IV. 마케팅 계획

● 시장 조사를 통해 시장 세분화 후 타겟 고객을 선정

● 타겟 고객의 요구를 충족하기 위해 차별화된 제품(product), 유통 (place), 가격(price) 및 판매 촉진(promotion) 등에 대한 마케팅 전략(4P 전략) 수립과 제품/서비스에 대한 상세한 기술 및 차별화 포인트

● 시제품 및 테스트 계획

● 제품/서비스 시제품 완성을 위한 일정

● 제품 수명 주기 및 성장 전략

V. 운영 계획

● 시설 설비

● 사업 프로세스

- 아웃 소싱 계획
- 제품 제조/생산 및 유통 계획

VI. 조직 구성

- 경영진의 철학
- 회사의 법률적 구조
- 조직도: 창업 멤버들의 자격/학력/역량/경력/업무에 대한 소개

VII. 재무 전망

- 창업 및 성장을 위해 요구되는 자금 규모
- 손익분기점 분석
- 투자의 회수기간
- 3~5년 추정재무제표(재무상태표, 손익계산서, 현금흐름표 등) 및 수익성에 대한 재무제표상 주요 포인트 설명
- 자금 조달 계획

VIII. 세부 추진 일정

- 사업 착수 일정
- 주요 기술 개발/상품/서비스 출시 일정
- 상품/서비스별 그리고 채널별 주요 고객 획득 일정

참고문헌

국내 단행본

김영덕, 2013, IFRS 회계원리, 다임.

벤처야설팀, 2013, 벤처야설: 창업편, e비즈북스.

서울대학교 학생벤처네트워크, 2014, 어떻게 창업하셨습니까?, 21세기북스.

이효익, 최관, 백원선, 2014, IFRS 회계원리, 신영사.

정대용, 2001, 중소 · 벤처경영론, 삼영사.

최환진, 김소현, 2014, 스타트업, 똑똑하게 시작하라, 지앤선.

한정화, 2013, 벤처창업과 경영전략, 홍문사.

국내 뉴스

뉴스1, '응답하라 1994'가 남긴 새로운 '시작'들, 2013.12.29.

데일리안, [르포]하이트진로, 상하이 바람 타고 중국 시장 잡는다, 2014.09.28.

데일리한국, 김범수 카카오 의장 "새로운 IT 생태계를 찾아 또 떠날 겁니다", 2014.02.27.

데일리한국, '응답하라 1994'의 성공 요인은 블랙스완 효과, 2014. 10.13.

동아일보, [O2/청춘 마케팅]현재만 즐긴다? 30년 벌어, 50년 써야 하는 게 인생이거늘, 2012.05.05.

동아일보, [O2/청춘 마케팅]스타가 될지 '개'가 될지 매트릭스는 알고 있네, 2012.06.09.

동아일보, [O2/청춘 마케팅]수많은 팔로어-페친도 '관리'를 잘해야 인맥이다, 2012.06.30.

동아일보, [O2/청춘 마케팅]신입사원의 무기력증, 2012.09.15.

마이데일리, 한국영화, 3년 연속 1억 관객 돌파… '명량', '해적' 등 흥행, 2014.12.31.

매경이코노미, 사면초가 한국 스마트폰… 애플에 치이고 中에 밀리고, 2014. 12.29.

매일경제, 카카오, 상장 추진… "내년 5월 목표" 공식 입장 밝혀, 2014.01.06.

매일경제, NAVER, 2분기 영업이익 1912억 원… 해외 매출 비중 30% 돌파, 2014.07.31.

머니위크, 삼성과 차이나? "천만의 말씀!", 2014.03.06.

머니투데이, 애니팡 토파즈 얼마에 구매하셨습니까?, 2012.11.20.

머니투데이, '짝퉁 애플' 샤오미, 분기 5천만 대 찍고 진짜 애플 따라잡나, 2015.01.05.

미디어오늘, "응답하라 시리즈의 성공, 잘 만들어서가 아니라…", 2014.02.23.

비즈니스워치, '삼성·애플 위협' 中 샤오미(xiaomi), 돌풍의 힘은

'SNS', 2014.07.29.

비즈니스포스트, [Who Is?]김범수 다음카카오 이사회 의장, 2014. 10.14.

서울파이낸스, 네이버, 2Q 영업익 1911억 원… 전년比 38.5%↑, 2014.07.31.

스포츠동아, '응답하라 1994' 신원호 PD, '콘텐츠 대상' 대통령 표창 수상, 2014.12.08.

스포츠조선, '명량' 둘째 주도 승승장구 이어갈까, SWOT분석 결과 는?, 2014.08.03.

스포츠조선, 치맥 바람타고~ 하이트진로 중국내 트렌드가 되다, 2014.09.30.

스포츠한국, 하이트진로, '뉴 하이트'로 중국 대륙 입맛 사로잡는다, 2014.10.02.

아시아경제, 레이쥔의 자신감… 샤오미, 스마트폰 1위 될 수 있을까, 2014.12.15.

아시아엔, 하이트진로 '글로벌 주류기업' 도약 추진, 2014.11.28.

아이뉴스, 웨어러블까지? 중국업체 파상공세, 2014.09.29.

아이뉴스24, 다음, 카카오 흡수합병… '다음카카오' 설립, 2014. 05.26.

아주경제, 5년 만에 깨진 역대 박스오피스… '명량' 기록 넘을 다음 영 화는?, 2014.12.31.

연합뉴스, "애플워치 출시로 내년 스마트워치 판매량 2천 800만", 2014.09.11.

연합인포맥스, 하이트의 '글로컬' 전략… 中사업 성과는, 2014.12.22.

오마이뉴스, 다 아는 이순신 이야기, 왜 '명량'에 열광하나, 2014.08.06.

이데일리, 샤오미 "글로벌화가 목표, 개도국 적극 진출할 것", 2014. 12.19.

전자신문, 선데이토즈 '애니팡' 카카오톡에서 100만 DAU 돌파, 2012.08.17.

전자신문, 위기를 기회로 바꾼 '애니팡' 성공 스토리…, 2012.10.18.

중앙일보, 1700만 관객을 넘긴 영화 '명량'의 흥행 비결은, 2014.09.23.

케이벤치, 중국의 아이폰 짝퉁 메이커, 자체 통화 가능한 스마트워치 출시, 2013.11.11.

케이벤치, 웨어러블 기기 가격 파괴 시작되나? 샤오미, 1만 원대 스마트 밴드 공개, 2014.07.23.

티브이데일리, '응답하라 1994', 콘텐츠 파워 지수 3주 연속 1위 '인기 올킬', 2013.11.27.

한국일보, '애니팡'에서 소셜 마케팅을 배우자, 2013.01.02.

헤럴드POP, 선데이토즈 이정웅 대표, "일상에 스며든 '애니팡', 문화로 발돋움", 2013.02.28.

PC 사랑, 모바일게임 시장을 지배하는 'for Kakao', 은총인가 족쇄인가?, 2014.09.05.

ZDNet Korea, 삼성전자, 美 스마트워치 시장서 압도적 1위, 2014.06.12.

외국 단행본 국내 번역서

Berkery, D./이정석 역, 2013, 스타트업펀딩, e비즈북스.

Harvard Business School/현대경제연구원 역, 2004, 재무 관리의 핵심 전략, 청림출판.

Scarborough, N. and T. Zimmerer/김한원, 박원규 역, 2008, 중소기업경영론, 시그마프레스.

Ross, S., R. Westerfield, and B. Jordan/박원규 역, 2013, Ross의 재무관리, 지필미디어.

Shane, S./임정재 역, 2005, 성공적인 벤처를 향한 10가지 창업 전략, 럭스미디어.

외국 저널 및 단행본

Aaker, D., 2001, *Strategic market management*, 6th ed., Wiley.

Acs, Z. and D. Audretsch, 1990, *Innovation and small firms,* MIT Press.

Brander, J., Q. Du, and T. Hellmann, 2010, Governments as venture capitalists: Striking the right balance, globalization of alternative investments, Working papers volume 3: The global economic impact of private equity report 2010, *World Economic Forum*, 25-52.

Brealey, R., S. Myers, and F. Allen, 2012, *Principles of corporate finance*, McGraw-Hill.

Chemmanur, T., K. Krishnan, and D. Nandy, 2011, How does venture capital financing improve efficiency in private firms? A look beneath the surface, *Review of Financial Studies*, 24(12), 4037-4090.

de Jong, A., M. Song, and L. Song, 2013, How lead founder

personality affects new venture performance: The mediating role of team conflict, *Journal of Management*, 39(7), 1825-1854.

Drucker, P., 1985, *Innovation and entrepreneurship*, Harper & Row.

Feld, B. and J. Mendelson, 2012, *Venture deals: Be smarter than your lawyer and venture capitalist*, John Wiley & Sons.

Hellmann, T. and M. Puri, 2002, Venture capital and the professionalization of start-up firms: Empirical evidence, *Journal of Finance*, 57(1), 169-197.

Hochberg, Y., 2012, Venture capital and corporate governance in the newly public firm, *Review of Finance*, 16(2), 429-480.

Kortum, S., and J. Lerner, 2000, Assessing the contribution of venture capital to innovation, *RAND Journal of Economics* 31(4), 674-692.

Kotler, P., H. Kartajaya, and I. Setiawan, 2010, *Marketing 3.0: From products to customers to the human spirit*, John Wiley & Sons.

Kotler, P. and K. Keller, 2011, *Marketing Management*, 14th ed., Prentice Hall.

Lerner, J., 1999, The government as venture capitalist: The long-run impact of the SBIR program, *Journal of Business*, 72(3), 285-318.

Lerner, J., A. Leamon, and G. Hardymon, 2012, *Venture capital, private equity, and the financing of entrepreneurship*, John Wiley & Sons.

Lewis, V. and N. Churchill, 1983, The five stages of small business growth, *Harvard Business Review*, 61(3), 30-50.

Metrick, A., and A. Yasuda, 2007, *Venture capital and the finance of innovation*, John Wiley & Sons.

Porter, M., 1979, How competitive forces shape strategy, *Harvard Business Review*, 57(2), 137−145.

Porter, M., 1980, *Competitive strategy*, Free Press.

Porter, M., 1985, *Competitive advantage*, Free Press.

Puri, M. and R. Zarutskie, 2012, On the life cycle dynamics of venture -capital-and non-venture-capital-financed firms, *Journal of Finance*, 67(6), 2247−2293.

Ries, E., 2011, *The lean startup: How today's entrepreneurs use continuous innovation to create radically successful businesses*, Random House.

Rosen, R., 1991, Research and development with asymmetric firm sizes, *RAND Journal of Economics*, 22(3), 411−429.

Scarborough, N., 2014, *Essentials of entrepreneurship and small business management*, Pearson.

Schumpeter, J., 2000, "Entrepreneurship as innovation," in R. Swedberg(ed.), *Entrepreneurship, the social science view*, Oxford University Press, 51−57.

Thurow, L., 1980, *The zero-sum society*, Basic Books.

찾아보기